高校英語を5日間でやり直す本
楽しみながら、らくらくマスター！

小池直己／佐藤誠司

PHP文庫

○ 本表紙図柄＝ロゼッタ・ストーン（大英博物館蔵）
○ 本表紙デザイン＋紋章＝上田晃郷

はしがき

　本書は，次の2冊の続編となる，いかりや先生とジャリ子の英語教室シリーズの第3作です。

『中学英語を5日間でやり直す本』
『中学英語を5日間でやり直す本〈パワーアップ編〉』

　前2作で中学英語を取り上げたのに続いて，本書では高校英語のエッセンスを100項目にまとめ，20項目ずつ5日に分けて解説していきます。
「高校の英語が5日間でマスターできるのか？」と疑問に思われるかもしれませんが，本書はいわゆる「大学受験英語」の完全征服を目的としてはいません。英語を日常的なコミュニケーションの手段と考えるとき，分厚い文法書に書かれたすべての知識が必要なわけではありません。本書では，高校生にも社会人にも役立つよう，英語を読んだり聞いたり話したりする際に最低限必要で，かつ中学英語ではカバーしきれない学習項目を解説していきます。日常的な状況を想定して，例文も教室英語ではなく社会人向けの内容としました。

　本書の内容の例を示します。次の文は2つの解釈が可能ですが，2つとも答えられますか？

- I might have got lost. 【→ point58】

すぐに答えが思い浮かべば、あなたの英文法の理解度はかなりのものです。本書では、高校で学ぶ文法知識が現実の場面でどのような形で現れるか、言い換えれば「学校英語と現実の英語との違い」を重点的に説明し、「使える英語」の習得を目指します。社会人にとってはTOEIC®などの資格試験対策に、高校生にとっては授業で学んだ知識の補完や大学受験対策に役立つはずです。

本書には、次の2人の人物が登場します（前作の2年後、という設定です）。

"い"＝いかりや先生。42歳。高校に転勤しました。ときどき逆上して我を忘れる性格は相変わらず。

"ジ"＝ジャリ子。17歳の高校2年生。前2作のおかげで（？）、中学英語はどうにかクリア。こちらも、態度がでかいのは相変わらず。

1日に20項目を消化すれば，5日間で学習が完了します。第1～5日の末尾には，20題ずつ練習問題を入れています。全部で100題用意していますので，練習問題で100点満点が取れるようになれば，高校で学習する英文法の重要なポイントはすべて理解できたことになります。本書を通じて，中学英語よりワンランク上の文法知識を習得してください。

　最後に，本書の出版に当たり，編集の労をとっていただいたPHP研究所文庫出版部の伊藤雄一郎さんに，心より御礼申し上げます。

小池直己
佐藤誠司

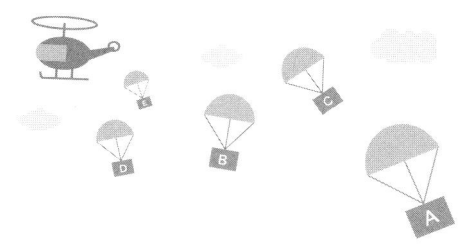

高校英語を
5日間でやり直す本
～ CONTENTS ～

はしがき *3*

前口上 *14*

第1日 文の構造と動詞の語法

- point 1　There 構文 *16*
- point 2　間接疑問 *18*
- point 3　疑問詞の識別 *20*
- point 4　動作動詞と状態動詞 *22*
- point 5　自動詞と他動詞の識別 *24*
- point 6　第2文型の基本 *26*
- point 7　第4文型から第3文型へ *28*
- point 8　第5文型の基本 *30*
- point 9　It + V + that 節 *32*
- point 10　It is +形容詞+ that 節 *34*
- point 11　V + to 不定詞 *36*
- point 12　V + O + to 不定詞① *38*
- point 13　V + O + to 不定詞② *40*
- point 14　知覚動詞 *42*
- point 15　使役動詞 *44*
- point 16　知覚動詞・使役動詞の受動態 *46*

point 17	have ＋ O ＋過去分詞（Oを〜される） 48
point 18	have と get 50
point 19	V ＋ O ＋(to be ＋)C 52
point 20	第5文型のまとめ 54

第 2 日　不定詞・分詞・動名詞

point 21	不定詞の意味上の主語① 62
point 22	不定詞の意味上の主語② 64
point 23	「程度」を表す不定詞 66
point 24	It takes ＋(人＋)時間＋ to 不定詞 68
point 25	完了不定詞 70
point 26	〈V ＋動名詞〉と〈V ＋ to 不定詞〉 72
point 27	be 動詞＋ to 不定詞 74
point 28	be 動詞＋形容詞＋ to 不定詞① 76
point 29	be 動詞＋形容詞＋ to 不定詞② 78
point 30	分詞の限定用法① 80
point 31	分詞の限定用法② 82
point 32	感情を表す分詞形容詞 84
point 33	分詞構文① 86
point 34	分詞構文② 88

point 35	分詞を含む慣用表現 *90*
point 36	動名詞の意味上の主語 *92*
point 37	前置詞＋動名詞 *94*
point 38	動名詞を使った句と節の言い換え *96*
point 39	準動詞の共通点① *98*
point 40	準動詞の共通点② *100*

第 3 日 時制・助動詞・受動態・仮定法

point 41	未来を表すさまざまな形 *108*
point 42	時・条件の節中で未来を表す現在形 *110*
point 43	完了進行形 *112*
point 44	過去完了形 *114*
point 45	未来完了形 *116*
point 46	時制の一致 *118*
point 47	助動詞の過去形 *120*
point 48	基本的な助動詞のまとめ *122*
point 49	助動詞＋ have ＋過去分詞 *124*
point 50	その他の助動詞① *126*
point 51	その他の助動詞② *128*
point 52	文型と受動態 *130*

point 53	群動詞の受動態 *132*
point 54	時制と受動態 *134*
point 55	慣用的な受動態 *136*
point 56	仮定法の基本 *138*
point 57	仮定法を含む慣用表現 *140*
point 58	if を使わない仮定法 *142*
point 59	仮定法による控えめな表現 *144*
point 60	仮定法現在 *146*

第4日 関係詞・接続詞

point 61	関係代名詞の基本 *154*
point 62	前置詞＋関係代名詞 *156*
point 63	関係副詞 *158*
point 64	関係詞の非制限用法① *160*
point 65	関係詞の非制限用法② *162*
point 66	関係代名詞の that *164*
point 67	関係代名詞の what *166*
point 68	連鎖関係詞節 *168*
point 69	関係代名詞の as *170*
point 70	その他の関係代名詞 *172*

point 71	複合関係詞 *174*
point 72	whether の用法 *176*
point 73	as の用法のまとめ *178*
point 74	同格関係を表す that 節 *180*
point 75	強調構文 *182*
point 76	相関接続詞① *184*
point 77	相関接続詞② *186*
point 78	その他の接続詞 *188*
point 79	that の用法のまとめ *190*
point 80	「後置修飾」のまとめ *192*

第5日 その他の重要表現

point 81	可算名詞と不可算名詞 *200*
point 82	冠詞の用法 *202*
point 83	前の名詞を受ける代名詞 *204*
point 84	other の用法 *206*
point 85	数量を表す形容詞 *208*
point 86	比較構文のバリエーション *210*
point 87	最上級の意味を表す原級・比較級 *212*
point 88	the ＋比較級＋ of the two（2つのうちで〜な方） *214*

point 89	the ＋比較級（それだけいっそう～）	216
point 90	数字に関する表現	218
point 91	very と much	220
point 92	副詞と語順①	222
point 93	副詞と語順②	224
point 94	「相づち」の表現	226
point 95	副詞（句）の強調によるＶ＋Ｓの倒置	228
point 96	部分否定	230
point 97	否定の及ぶ範囲	232
point 98	否定語を使わない否定表現	234
point 99	無生物主語	236
point 100	共通関係	238

おわりに 244

例文一覧 245

本文イラスト──津田蘭子

前口上

いかりや先生，以下 "い"： 皆さん，お久しぶりです。ついに出ました，この本！

ジャリ子，以下 "ジ"： 先生の名前にも，時代を感じますねえ。

い： おまえも，高校生にもなって「ジャリ子」でいいのか？

ジ： なんかもう，いいっすよ。

い： これは，高校英語を5日間でやり直すための本です。

ジ： タイトルを見りゃわかるって。

い： 高校英語が，5日間でやり直せるわけねえだろ！

ジ： いきなり，何言ってんのよ。

い： …とお思いのあなた，それは甘い考えです。

ジ： いや，5日間でやり直せると思う方が甘いでしょ。

い： この本を読めば，あら不思議。あなたも高校の英語教師になれます。

ジ： ウソをつくなー！

い： もしあなたが現役の高校教師なら，この本を読んでも怒らないでくださいね。

ジ： 言ってることが全然違う！

い： この本，「学校英語」に批判的なことも多少書いてあります。決して作者が高校生の頃に英文法の授業が嫌いだったからではありません。おかげで作者は，こんなひねくれた性格になりました。

ジ： だから，日本語がムチャクチャだって。

い： では，本編スタート！

文の構造と動詞の語法

point 1 There 構文

> ***There is*** little milk ***left*** in the refrigerator.
> (冷蔵庫には牛乳がほとんど残っていない)

ジ：left って,「右」?

い：せめて「左」って言えよ！ left は leave の過去分詞だ。

ジ：leave って,「出発する」だっけ？

い：話，進まねえだろ！ leave には「残す」の意味もある。left は「残されている→残っている」ということだ。

ジ：だったら，こう言えばいいじゃん。

◎ Little milk is left in the refrigerator.

い：もちろん，それでもかまわない。だけど，物や人が「ある」とか「いる」とかと言いたいときは，〈There is[are] ＋○○＋場所〉の形をよく使うんだ。

ジ：上の文って，left はなくてもいいんじゃないの？

い：確かに，left がなくても正しい。でも，この文は，こういうふうにできたと考えればいい。

(a) Little milk is left in the refrigerator.

(b) There is little milk left in the refrigerator.

つまり，(a)を「There で始まる文」に言い換えたのが，(b) ってわけだ。

ジ：なんでわざわざ，そんなことするのよ？

16

い：だから，言っただろ。There 構文とは,「どこそこに○○がありますよ」という意味を表すための，入れ物みたいなものなんだ。次の例も同じだ。

(c) A dog is lying under the tree.

(d) There is a dog lying under the tree.
（1匹の犬が木の下で寝ている）

この場合も，(b)は lying がなくても文としては成り立つ。だけどそれだと，犬がどんな姿勢で木の下にいるのかわからない。立ってるかもしれないし，交尾してるかもしれない。

ジ：何言い出すんだ，オヤジ！

い：間違えた。1匹じゃ交尾は無理だな。

ジ：いや，そういう問題じゃなくて…

い：要するに「～がある」という意味の文は，次のように言い換えることができるのだ。それだけ覚えとけ。

★ ○○ is ＋ **分詞** . → **There is** ○○ ＋ **分詞** .

2 間接疑問

Where do you think ***he is*** from?
(彼はどこの出身だと思いますか)

い：「彼はどこの出身ですか?」を英語で言ってみよう。

ジ：Where is he from? かな。

い：そうだ。次に,「彼はどこの出身か私は知りません」を英語に直すと, こうなる。

◎ I don't know where ***he is*** from.

ジ：he is が太字なのは?

い：Where is he from? という疑問文が, ＿＿＿ の部分に埋め込まれている, と考えてみよう。疑問文が「より大きな文の一部」として働くとき, これを間接疑問と言う。**間接疑問の中では, 〈S + V〉の語順に戻る。**

ジ：なんで?

い：上の文が, もしも I don't know where <u>is he</u> from. だったとしてみよう。この文を口に出して言うと, know の後にピリオドを置いた形 (I don't know. Where is he from?) と何も変わらない。でも実際は1つの文だから, know と where 以下がつながっていることを, 聞き手に理解させる必要がある。〈S + V〉の語順に戻すのは, そのための手段だと思えばいい。

ジ：〈S + V〉の語順にすれば,「ふつうの疑問文じゃない」

ってことがわかるわけね。

い：そうだ。ところで，次の区別も大切だ。

(a) Do you know ***where*** he is from?
（彼がどこの出身か知っていますか）

(b) ***Where*** do you think he is from?
（彼はどこの出身だと思いますか）

ジ：where の位置が違うじゃん。

い：(a)は「知っているかどうか」を尋ねる文で，相手に Yes か No の答えを求めている。一方(b)は「彼がどこの出身か」を聞きたいわけだ。だから，Where を前に出す。つまり，こんな感じだ。

Do you think [***where*** he is from]?

ジ：学校では，「疑問文の中に do you think をはさんだ形」って習ったような気がするけど。

い：それは違う。Where ▲ is he from? の ▲ のところに do you think を後からはさんだと考えると，Where do you think is he from? という誤った文ができる。上のように「where が文頭に移動した」と考える方が理にかなっている。

ジ：とにかく，S と V を入れ換えりゃいいんでしょ？

い：それはちょっと違う。

◎ Do you know [who will come]?
（誰が来るか知っていますか）

この文は Who will come? を間接疑問にした形だが，who はもともと S だから，V をそのまま後に続ければいい。

第 1 日　文の構造と動詞の語法　19

3 疑問詞の識別

(a) ***What do you think of*** the movie?
(その映画をどう思いますか)
(b) ***How do you like*** the movie?
(その映画はいかがですか)

ジ：これって，意味はどう違うの？

い：実は，オレもよくわからない。

ジ：おい！

い：作者が何人かのネイティブに聞いてみたところ，「同じ意味だ」と言う人もいれば「違う意味だ」と言う人もいた，らしいぞ。

ジ：なんか，回りくどい言い方だなー。

い：(a)も(b)も，相手の意見や感想を尋ねるときに使う言い方だ。文法的に説明すると，(a)の what は代名詞だから，think の目的語の働きをする。(b)の how は副詞で，like を修飾している。

ジ：よくわかんない。

い：これなら，わかるだろ？

◎ What [× How] do you call this flower in English?
(この花は英語でどう言いますか)

答えの文は，We call it 'rose'. のようになる。rose は名詞だから，副詞の how で尋ねることはできない。

ジ：そんなこと，いちいち考えなきゃいけないの？

い：what と how の区別は，丸暗記する方が早いだろう。(a)(b)のほかにも，こんな言い方がある。

◎ ***What do you mean*** by that?
（それはどういう意味ですか）

◎ ***What is*** your new boss ***like***?
（新しい上司はどんな人ですか）

◎ ***What*** has ***become of*** your brother?
（君のお兄さんはどうなったの）

◎ ***How do you pronounce*** this word?
（この単語はどう発音しますか）

◎ ***How do you feel*** about this plan?
（この計画をどう思いますか）

ジ：日本語は全部「どう」なのに，what と how を使い分けなきゃなんないのね。

い：次の形にも注意しよう。

◎ ***What*** [× How much] is your weight?
（あなたの体重はどのくらいですか）

ジ：これは，質問自体がＮＧでしょ。

い：それは置いといて。***weight***（重さ）・***length***（長さ）・***price***（値段）・***population***（人口）などを尋ねるときは，what を使うことを覚えておこう。ついでに言うと，上の文はこう言い換えてもいい。

◎ How much do you weigh?
weigh は，「〜の重さがある」という意味の動詞だ。

point 4 動作動詞と状態動詞

> The church ***stands*** on the hill.
> (その教会は丘の上に立っている)

ジ：この文，何が問題なの？

い：次の文と比べてみよう。

◎ The boy is standing by the gate.
（その男の子は門のそばに立っている）

ジ：どっちも「立っている」なのに，stand の形が違う。

い：その理由を一口で言えば，上の文の stand は「状態動詞」，下の文の stand は「動作動詞」だからだ。

ジ：状態動詞って？

い：**状態動詞**は，文字どおり「〜の状態だ」という意味を表す。***have*** · ***live*** · ***know*** · ***seem*** · ***love*** · ***want*** などがそうだ。I love you. の love は「（心理）状態」を表すのであって，何かの「動作」をしてるわけじゃない。

ジ：やだー，えっち。

い：何言ってんだ，おまえ？

状態動詞には，次のような特徴がある。

① 状態動詞は**進行形にしない**。
② 状態動詞は**命令文にしない**。

The church stands on the hill. の場合，教会が自分の意志で「立つ」という動作をしているわけじゃなく，stands

は「立っている」という状態を表す。一方 The boy が主語のときは、「立つという動作を行っているところだ」と考えて、進行形にする。

ジ： じゃあ、「命令文にしない」ってのは？

い： 次の例を見てみよう。

◎ <u>Put on</u> [× Wear] your jacket.（上着を着なさい）
put on（～を身につける）は動作動詞だから、命令文にできる。しかし wear（～を身につけている）は状態動詞だから命令文にはできないし、普通は進行形にもしない。

◎ He <u>wears</u> [× is wearing] glasses.
（彼はめがねをかけている）

ジ： have も、状態動詞なの？

い：「持っている」という意味では、そうだ。でも、They <u>are having</u> lunch.（彼らは昼食を食べている）とは言える。つまり、「食べる」の意味では動作動詞だ。

ジ： 動作動詞とか状態動詞とか、学校ではあんまり聞いたことないけど。

い： この区別は、非常に大切だ。これを知らないと、たとえば次の文が間違いであることが判断できない。

◎ He seems <u>to change</u> his job.（×）
（彼は転職するらしい）

ジ： これ、どこが間違ってるの？

い： 詳しいことは、【point11】を読んでくれ。

第1日　文の構造と動詞の語法　23

point 5 自動詞と他動詞の識別

> My cousin *married* an American woman.
> （私のいとこはアメリカ人の女性と結婚した）

ジ：「アメリカ人の女性と」だったら，married with an American woman じゃないの？

い：いいや。marry は「～と結婚する」という意味の他動詞だから，前置詞は使わない。

ジ：でも，他動詞っていうのは，eat lunch（昼食を食べる）みたいに「～を○○する」の意味でしょ？

い：多くの他動詞はそうだが，そうでないものもある。日本語からの類推で，前置詞をつけないようにしよう。
- *enter* into the room（部屋に入る）
- *leave* from Tokyo（東京から出発する）
- *reach* to the station（駅に到着する）
- *discuss* about it（それについて話し合う）
- *marry* with a foreigner（外国人と結婚する）

ジ：それ，どうやって見分けるの？

い：1つ1つ覚えるしかない。たとえば「東京から出発する」は，***start from*** Tokyo とも言う。「駅に到着する」は ***get to*** the station, ***arrive at*** the station とも言う。これらの場合は，前置詞が必要だ。

ジ：めんどくさい。

24

い：逆のケースもある。日本語では「～を」なのに，英語では前置詞が必要な場合だ。
- ***look at*** the star（星を見る）
- ***knock on [at]*** the door（ドアをノックする）
- ***graduate from*** school（学校を卒業する）
- ***hope for*** peace（平和を望む）

ついでに言うと，marry は次のようにも使う。

◎ My cousin is married to an American.
（私のいとこはアメリカ人と結婚している）

◎ My cousin got married to an American.
（私のいとこはアメリカ人と結婚した）

これらの場合，married は「結婚した」の意味の形容詞だ。unmarried なら「未婚の」だな。

ジ：前置詞は，なんで with じゃなくて to なの？

い：marry は，もともと「～に嫁がせる」の意味だ。つまり，「アメリカ人に嫁がせられた」ということだな。

ジ：男は嫁がせられないでしょ？

い：言葉のあやだよ！　女だろうと男だろうと，「親の見つけてきた相手と結婚させる」って意味だ。

ジ：じゃあ，恋愛結婚だと？

い：今では「～と結婚する」の意味で ***marry*** または ***get married to*** を幅広く使う。marry は他動詞だから，目的語なしでは使えない点に気をつけよう。

◎ We are going to marry next month.（×）
◎ We are going to get married next month.（○）
（私たちは来月結婚します）

point 6 第2文型の基本

> This soup *tastes* good.
> (このスープはおいしい)

い：この簡単な文を，意外と書けないんだな，高校生は。

ジ：簡単じゃん。

い：おまえは英語を先に見たからだろ！ じゃあ，「このバラは甘い香りがする」を英語で言ってみろ。

ジ：「香り」って，英語で何て言うの？

い：そらみろ，ダメじゃないか。五感を表す動詞は，第2文型（SVC）で使うんだ。
- ***look*** + C（～に見える）
- ***sound*** + C（～に聞こえる）
- ***taste*** + C（～の味がする）
- ***smell*** + C（～のにおいがする）
- ***feel*** + C（～の感触がする）

ジ：Cって，何だっけ？

い：第2文型の基本は〈S is C.〉の形だから，Cの位置には名詞・形容詞を置く。さっきの答えは，こうだ。
◎ This rose smells sweet.

ジ：じゃあ，「このセッケンはレモンの香りがする」は，This soap smells a lemon. でいいの？

い：いいや，Cが形容詞ならそのまま置けばいいが，名詞の

26

ときは **like** をつけて使うんだ。このことは，左の５つの動詞の全部について当てはまる。

◎ This soap smells like a lemon.
（このセッケンはレモンの香りがする）

◎ The rock looks like a human face.
（その岩は人間の顔のように見える）

ジ： 第２文型って，ほかにもあったよね。

い： こんな動詞も，第２文型だ。

- It ***got [became]*** dark.（暗くなった）
- The signal ***turned*** red.（信号が赤になった）
- She ***seems*** sick.（彼女は具合が悪そうだ）
- He ***kept*** silent.（彼は黙ったままだった）

ジ： Ｃは全部形容詞だけど，名詞も置けるの？

い： それは，動詞によって違う。たとえば「医者になる」を become a doctor とは言えるが，get a doctor とは言えない。He kept silent. を He kept silence. と言うこともできる（silence は「沈黙」）が，その場合は第３文型になる。

ジ： じゃあ，１つずつ覚えないとダメじゃん。

い： もちろんだ。大学入試では，次の２つもよく出る。

◎ He ***remained*** single all his life.
（彼は一生独身のままだった）

◎ The rumor ***proved [turned out]*** (to be) true.
（そのうわさは本当だとわかった）

さらに，第２文型の変種としてこんな形もある。

◎ He was born rich.（彼は金持ちに生まれた）

was born を１つの動詞，rich をＣと考えるわけだ。

point 7 第4文型から第3文型へ

> I ***bought*** my son a mobile phone.
> → I ***bought*** a mobile phone ***for*** my son.
> （私は息子に携帯電話を買ってやった）

ジ：for が太字になってるけど。

い：最初の文は第4文型（ＳＶＯＯ）で，〈buy ＋ 人 ＋ 物〉という形になっている。この「人」と「物」を入れ換えると，〈buy ＋ 物 ＋ for ＋ 人〉となる。

ジ：なぜ for ？

い：「息子のために買ってやる」だからだ。次の文と比べてみよう。

◎ Kenji ***sent*** Mariko a love letter.
　→ Kenji ***sent*** a love letter ***to*** Mariko.
　（ケンジはマリコにラブレターを送った）

ジ：これだと，なんで to になるの？

い：to Mariko は「マリコに」で，to は動作の対象・着点を表している。

ジ：わけわかんない。

い：次のように覚えておけばいいんだ。

★**相手が必要な動作**を表す動詞 → Ｖ＋物＋ ***to*** ＋人
★**一人でできる動作**を表す動詞 → Ｖ＋物＋ ***for*** ＋人

send a letter という動作は，相手がいないと成り立たな

い。だから to を使う。buy a bicycle は，相手がいなくても成り立つ。だから for を使う。

ジ：to と for と，どっちの場合が多いの？

い：どちらかと言えば，to 型の方が多い。to 型の動詞の代表は，***give*** だ。たとえば「彼にチョコをあげる」は，give him a chocolate または give a chocolate <u>to</u> him と言う。***lend*** · ***sell*** · ***teach*** · ***show*** なども to 型だ。for 型は，***make*** · ***cook*** · ***find*** などだ。

ジ：つまり，to 型と for 型のどっちかに分かれるのね。

い：だいたいそうだ。ただ，次の例には気をつけよう。

(a) Please ***explain*** this problem ***to*** me.
（この文を私に説明してください）

ジ：これは，to 型ね。

い：ところが，次の文は間違いだ。

(b) Please explain <u>me</u> <u>this problem</u>. （×）

ジ：えー，なんで？

い：explain（説明する）は，第4文型を作れない動詞だからだ。だから，(a)だけが正しくて(b)は誤りだ。

ジ：そんなの，どうやって見分けりゃいいのよ？

い：動詞の使い方は1つ1つ決まっているので，個別に覚えるしかない。間違えやすい例を追加しておこう。

◎ You should ***apologize <u>to</u>*** your boss for the error.
（君はその失敗を上司にわびる方がいい）

◎ She ***complains <u>to</u>*** me that he lacks delicacy.
（彼にはデリカシーがない，と彼女は私に愚痴をこぼす）

8 第 5 文型の基本

He *painted* the wall *white*.
(彼は壁を白く塗った)

ジ: これ, He painted the white wall. じゃダメ?

い: それは「彼は白い壁にペンキを塗った」の意味だ。「もともと白かった壁に何かの色のペンキを塗った」ということだから, 全然意味が違う。

ジ: 単語を並べる順番が, よくわかんないんだけど。

い: この文は, 第 5 文型の典型だ。

He painted the wall white.
S   V   O   C

第 5 文型では,「O が C だ」の関係が成り立っている。この場合は「壁が白い」ってことだ。

ジ: う〜ん…まだ, よくわかんない。

い: こう言えばわかるか? He painted the wall.(彼は壁にペンキを塗った)という文がまずあって,「どんな色に?」という情報 (white) が, その後ろに置かれている。この場合,「壁を塗ったら白くなった」ということだから, C の位置には「動作の結果」がくる。次の文も同じ理屈だ。

◎ He *broke* the door *open*.
(彼はドアを壊して開けた)〈C = open〉

30

ジ：でも，第5文型って，全部こんなんだっけ？

い：そんなことはない。第5文型で使う動詞は，「動作」を表すものばかりじゃないからな。

(a) I prefer my coffee black.
　　（コーヒーはブラックで飲むのが好きです）

(b) I found the room empty.
　　（見てみると部屋は空っぽだった）

ジ：(a)は，I prefer black coffee. でもいいじゃん。

い：「どんな飲み物が好きですか」に対する答えなら，それでいい。でも(a)は「コーヒーをどうやって飲むのが好きですか」に対する答えだから，意味が違う。

ジ：じゃあ(b)は，I found the empty room. とは違うの？

い：大違いだ。それだと「（いくつかの部屋の中から）空っぽの部屋を見つけた」の意味になる。一方(b)は，「その部屋が空っぽなのを見つけた」という意味だ。

ジ：なんか，わかるようなわかんないような…

い：第5文型（SVOC）は，「OがCである」という意味を必ず含む。これだけ覚えておけばよろしい。Cの位置に名詞・形容詞を置く動詞を，まとめておこう。

- ***make*** ＋ O ＋ C （OをCにする）
- ***keep [leave]*** ＋ O ＋ C （OをCのままにしておく）
- ***think [believe]*** ＋ O ＋ C （OがCだと思う［信じる］）
- ***find*** ＋ O ＋ C （OがCだとわかる）
- ***call [name]*** ＋ O ＋ C （OをCと呼ぶ［名づける］）
- ***elect*** ＋ O ＋ C （OをCに選ぶ）

point 9 It + V + that 節

> ***It seems that*** he knows the truth.
> → He seems to know the truth.
> (彼は真実を知っているらしい)

い：次のような「書き換えパターン」を知っておこう。

(a) It seems that he knows the truth.

(b) He seems to know the truth.

that 節の中のS（he）が文の最初に来ると，V（seems）の後ろが不定詞になるわけだ。

ジ：なんで？ 説明して。

い：(a)は，It seems が「（よくは知らないけど）〜らしいですよ」という前置きになっている。言いたいことの中心は he knows the truth ということだが，断定せずに控えめな表現にしたわけだ。しかし，話題の中心は「彼」なわけだから，「He を最初に置こう」という心理が働く。そうやってできたのが，(b)だ。このとき，that 節をそのまま残すと，He seems that he knows the truth.（×）となって，he が繰り返されることになる。それはカッコが悪いので，後ろの he は省略する。knows は前に主語がないと使えないので，to know に置き換わる。

ジ：読者の皆さん，上の説明はとばして読んでね。

32

い：おまえが，説明しろって言ったんだろうが*！*
ジ：あたし，文法きらいだから。
い：じゃあ聞くなよ。次の文も，同じ理屈だ。
   ◎ It happened that I met her at a 'maid café'.
   → I happened to meet her at a 'maid café'.
   （私はメイド喫茶で偶然彼女と会った）
ジ：ヘンなとこで会うなよ。
い：このタイプの動詞としては，***seem/appear***（～のように見える）と，***happen/chance***（たまたま～する）を覚えておけばいいだろう。それから，***be said***（～と言われている）も同じような言い換えができる。
   ◎ It is said that he is a henpecked husband.
   → He is said to be a henpecked husband.
   （彼の家はかかあ天下だと言われている）
   henpecked husband の直訳は「めんどりに口ばしでつつかれる夫」だ
ジ：そんなこと，どうでもいいから。
い：said のほか，***reported***（伝えられて），***rumored***（うわさされて），***thought***（考えられて），***believed***（信じられて）なども，同じような言い換えが可能だ。
   なお，〈It ＋ V ＋疑問詞節〉の形にも注意しておこう。
   ◎ ***It doesn't matter*** (to me) which candidate wins.
   （どの候補者が勝とうと（私には）どうでもよい）
   matter は，ここでは「重要である」の意味の自動詞として使われている。【→ point71】

第1日　文の構造と動詞の語法　33

point 10 It is ＋形容詞＋ that 節

> ***It is natural that*** she is angry with you.
> （彼女が君に怒っているのは当然だ）

い： この文は，「形式主語の It」の例だ。

◎ It is natural that she is angry with you.

It は後ろの that 節の内容を受けているので，「それ」のように日本語に訳す必要はない。

ジ： なんで，It なんか使うの？

い： 英語では，「大切なことは先に言う」のが原則だ。It を使わずに上の文を書くと，こうなる。

◎ That she is angry with you is natural.

これだと，主部（　　の部分）が長すぎて，カッコ悪い。

ジ： そうかな？

い： そうなの！

ジ： 形式主語って，不定詞を受けるんじゃなかった？

い： もちろん，そういう用法もある。

◎ It is dangerous to open the attached file.
（その添付ファイルを開くのは危険だ）

この文では，It ＝ to open the attached file だ。

ジ： どう使い分けたらいいの？

い：〈It is ＋形容詞＋ that 節〉は，原則として〈It is ＋形容詞

34

＋ to 不定詞〉で言い換えることができる。

(a) It is natural that she is angry with you. (○)
→ It is natural for her to be angry with you. (○)
ただし，逆は必ずしも成り立たない。
(b) It is difficult for the Giants to win this game. (○)
→ It is difficult that the Giants wins this game. (×)
(ジャイアンツがこの試合に勝つのは難しい)

ジ：だったら，that なんか使わなくてもいいじゃん。

い：that 節を使う形容詞は，「事実」に関する評価を表すものが多い。***natural***（当然だ），***strange***（奇妙だ），***surprising***（驚くべきだ）などがそうだ。上の(b)の場合，「難しい」のは「勝つ」という行為であって，「勝つこと」という事実じゃない。だから that 節は使えない。

ジ：要するに，「～するのは…だ」っていう日本語は，to 不定詞を使って言えばいいわけ？

い：それでＯＫ。ただし，that 節が常に to 不定詞で書き換えられるわけじゃない。

◎ It is a pity that he didn't come.
（彼が来なかったのは残念だ）

〈It is ＋名詞＋ that 節〉のときは，普通この形しか使えない。そんな例外もあるが，基本的にはなるべく〈It is ＋形容詞＋ to 不定詞〉の形を優先して使う方がいいだろう。

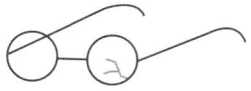

第１日　文の構造と動詞の語法

point 11 V + to 不定詞

> Women ***tend to like*** sweets.
> （女性は甘いものを好む傾向がある）

い：「V + to 不定詞」の形をとる動詞を，1つ挙げてみろ。

ジ：want かな。

い：正解。want 型の動詞をいくつか挙げてみよう。

（*do* =動詞の原形）

- ***want*** + to *do* =～したい
- ***begin*** + to *do* =～し始める
- ***try*** + to *do* =～しようとする
- ***decide*** + to *do* =～する決心をする
- ***seem/appear*** + to *do* =～のように思われる
- ***come*** + to *do* =～するようになる
- ***tend*** + to *do* =～する傾向がある

ジ：なんか，to 不定詞の使い方が違うような気がするけど。

い：そうだ。上の4つは〈V + O〉の構造だと思っていいが，下の3つはそうじゃない。seem については，【point9】で説明したとおり，It seems that ～ のような言い換えができる。もう1つ気をつけておきたいのは，〈seem + to *do*〉の形で使える動詞は，状態動詞に限られるということだ。

(a) He seems to <u>love</u> her. （○）

36

（彼は彼女を愛しているらしい）
(b) He seems to go abroad.（×）
　　（彼は留学するらしい）
love は状態動詞だから(a)は正しいが，go は動作動詞だから(b)のようには言えない。

ジ： じゃあ，「彼は留学するらしい」は何て言えばいいの？

い： seem to の後を〈be ＋〜ing〉，つまり進行形にすれば，状態動詞に準じて正しい文になる。だから，こう言えばいい。

(b)' He seems to be going abroad.（○）

そのほか，〈V ＋ to 不定詞〉の例をいくつか挙げておこう。

◎ How did you come [× become] to know her?
　（どうやって彼女を知るようになったのですか）

◎ I managed to complete the game.
　（ぼくは何とかそのゲームをクリアできた）

◎ I failed to delete this file.
　（ぼくはこのファイルを消去できなかった）

　cf. I succeeded in deleting this file.
　　（ぼくはこのファイルの消去に成功した）

point 12 V + O + to 不定詞 ①

> I'd *like you to be* my wife.
> (君に，ぼくの妻になってほしい)

ジ：I'd って，何の略？

い：I would の略だ。〈would like = want〉だと思っていい。たとえばレストランで赤ワインを注文するとき，何て言えばいい？

ジ：「レッドワイン，プリーズ」でいいじゃん。

い：それでもいいが，普通は I'd like a glass of red wine, please. のように言う。

ジ：would like と want が同じ意味なら，I want a glass of red wine, please. でもいいの？

い：それじゃストレートすぎる。would like の would は will の過去形で，一般に過去形を使うとていねいな言い方になる。Will you please 〜 ?（〜してくれませんか）の Will を Would にする方がていねいになるのと同じだ。
【→ point48】

ジ：で，最初の文の，you to be ってのは？　you are でいいじゃん。

い：〈would like = want〉だから，この文は次の文とほぼ同じ意味になる。

　◎ I *want you to be* my wife.

38

ジ：これは，どっかで見たことある。

い：この文の構造は，こんなふうに考えればいい。

◎ I want you to be my wife.
　 S V　　　O

つまり，「ぼくは［君がぼくの妻になること］を望む」という意味だ。次のように覚えておこう。

- ***would like*** + O + to *do* ＝Oに〜してもらいたい

ジ：ほかにも，似た形の動詞ってあるでしょ？

い：もちろんだ。〈V＋O＋to不定詞〉の形をとる動詞を，もう少し挙げてみよう。

- ***tell*** + O + to *do* ＝Oに〜するように言う
- ***advise*** + O + to *do* ＝Oに〜するよう勧める
- ***ask*** + O + to *do* ＝Oに〜するように頼む

tellとaskは，後ろに置く形によって意味が変わる点にも注意しよう。

◎ I told them to keep quiet.
　（私は彼らに静かにしているようにと言った［命じた］）

◎ I told them that the train was delayed.
　（私は彼らに列車が遅れていると伝えた）

◎ I asked him to come.
　（私は彼に来てくれと頼んだ）

◎ I asked him when he could come.
　（私は彼にいつ来られるかと尋ねた）

第1日　文の構造と動詞の語法　39

point 13 V + O + to 不定詞②

Please ***help me to clear*** the table.
(テーブルを片付けるのを手伝ってください)

い：「Oに対して何かの行動を働きかける」という意味を表す動詞は，〈V + O + to *do*〉の形で使うものが多い。
- ***allow*** + O + to *do* = Oが〜するのを許す
- ***cause*** + O + to *do* = Oが〜する原因となる
- ***force*** + O + to *do* = Oにむりやり〜させる
- ***enable*** + O + to *do* = Oが〜するのを可能にする
- ***help*** + O + (to) *do* = Oが〜するのを助ける

help の場合は，to が省略されることもある。

ジ：たとえば，Please help that I clear the table. とか言っちゃダメなの？

い：そこで，次の話に入ろう。たとえば次の文は間違いだ。
◎ I hope you to come with me. (×)

ジ：hope って，「望む」でしょ？ want と同じ意味なんだから，これでいいじゃん。

い：いや，次のように言うのが正しい。
◎ I ***hope (that)*** you will come with me. (○)
このことから，次のように言える。

40

	want	hope
＋O＋to *do*	○	×
＋that 節	×	○

ジ：こんなの，どうやって区別すんのよ？
い：次のように覚えておくといいだろう。

★〈V＋O＋to 不定詞〉と〈V＋that 節〉の両方の形が可能な動詞は，ほとんどない。

たとえば最初に挙げた動詞はすべて want と同じタイプで，後ろに that 節を置くことはできない。両方の形が使える動詞は，expect, request などごく少数だ。

◎ I expected the horse to win.（○）
◎ I expected that the horse would win.（○）
（私はその馬が勝つだろうと思った）

wish の場合は両方の形が使えるが，that 節（that は普通省略する）の場合は意味が変わる。【→ point57】

◎ I wish the horse to win.
（私はその馬に勝ってほしい）
◎ I wish the horse would win.
（その馬が勝つといいのになあ）

ジ：つまり，基本的に「ふたまたはかけられない」と？
い：そうだ。that 節しかとれない動詞も挙げておこう。

◎ He demanded that I should pay the money.（○）
◎ He demanded me to pay the money.（×）
（彼は私がその金を払うべきだと要求した）

demand（要求する），***suggest***（提案する），***insist***（主張する）などが，このタイプの動詞だ。【→ point60】

point 14 知覚動詞

> (a) I *heard* someone *calling* my name.
> （誰かが私の名前を呼んでいるのが聞こえた）
> (b) I *heard* my name *called*.
> （自分の名前が呼ばれているのが聞こえた）

い：第5文型の例としてよく出るのが，*see*，*hear*，*feel* などの「知覚」を表す動詞だ。

ジ：うっす。自分，素朴な疑問があるんすけど。

い：うっす。言ってみろ。

ジ：たとえば(a)は，これじゃダメなの？
(a)' I heard someone was calling my name.

い：文法的には成り立つが，意味が違う。(a)' は I heard / (that) someone was calling my name. という構造で，「『誰かが私の名前を呼んでいる』という情報を聞いて知った」という意味になる。(a)は，「I heard someone（誰か（の声）を聞いた）＋ calling my name（私の名前を呼んでいるのを）」のように考えればいい。

ジ：じゃあ，なんで calling なの？

い：(a)も(b)も，ＳＶＯＣの形だ。(a)は「ＯがＣしている（のを聞く）」という意味だから，Ｃは現在分詞（calling）になる。

ジ：じゃあ(b)は…

い：「O (my name) がCされている (called)」だろ？

ジ：つまり，「呼んでいる」なら現在分詞 (calling) で，「呼ばれている」なら過去分詞 (called) ってことね。

い：そうだ。ただし，次の形も可能だ。

(a)" I heard someone call [× to call] my name.

「誰かが私の名前を呼ぶのが聞こえた」の意味で，calling の代わりに原形の call を使うこともできる。意味は，calling の場合とほぼ同じだ。

ジ：to call は，なんで間違いなの？

い：それが「動詞の語法」ってやつだ。知覚動詞をＳＶＯＣの形で使うとき，Cの位置に to 不定詞は置けない。これは，丸暗記しておこう。【→ point18】

◎ I saw a boy shoplifting [shoplift].
　（私は男の子が万引きしている［する］のを見た）

◎ We felt the earth shaking [shake].
　（私たちは地面が揺れている［揺れる］のを感じた）

これらの例で，下線部を to shoplift [shake] とは言わないし，was shoplifting [shaking] とも言わない。

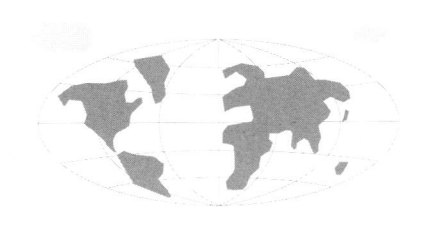

point 15 使役動詞

> The funny movie *made* us *laugh*.
> (その愉快な映画は私たちを笑わせた)

い: 使役動詞は、〈V + O + 動詞の原形[＝原形不定詞]〉の形で、「Oに～させる」の意味を表す。代表は、***make***, ***let***, ***have*** だ。太郎が仲間と一緒にカラオケに行ったという想定で、次の3つの文を比較してみよう。

(a) They made Taro sing.
(b) They let Taro sing.
(c) They had Taro sing.

ジ: これって、意味はどう違うの？

い: (a)は、「彼らは太郎にむりやり歌わせた」という感じだ。(b)は「彼らは太郎に歌わせておいた」。マイクを独占して離さない太郎をそのままにしておいた、って感じ。make には「強制」、let には「許可」のニュアンスがある。(c)は「彼らは太郎に歌わせた」「彼らは太郎に歌ってもらった」の両方の意味に解釈できる。「おまえも歌えよ、と太郎に言った」くらいの意味だと考えていい。別の表現で言い換えると、こうなる。

(a) ≒ They forced Taro to sing.
(b) ≒ They allowed Taro to sing.
(c) ≒ They got Taro to sing.

forceは「強制する」,allow(アラウ)は「許す」の意味だ。

ジ: でもmakeって,こんな使い方もできるでしょ?

◎ I will <u>make</u> you happy. (ぼくは君を幸せにするよ)

これって,「君をむりやり幸せにする」って意味?

い:「むりやり」って言葉を使うから混乱するんだ。たとえばSlicing onions <u>makes</u> me water. (タマネギを切ると涙が出る) みたいな例を見ればわかるだろ。

ジ: で,なんで「動詞の原形」を使うわけ?

い: 前に説明したように,〈V + O + to 不定詞〉の形をとる動詞はたくさんある。一方,〈V + O + 原形不定詞〉の形をとるのは,知覚動詞(see, hear など)と使役動詞(make, let, have)だけだと考えていい。

ジ: だから,なんで原形不定詞?

い: 説明は省略*!* とにかく覚えろ*!* 次の形も重要だ。

◎ I couldn't ***make myself understood*** in English.

(私は英語で意思を通じさせることができなかった)

ジ: これ,原形(understand)じゃないじゃん。

い: make myself understoodは〈V + O + C〉の構造で,「私自身(O)が<u>理解される</u>(C)ようにさせる」だから,過去分詞を使う。

ジ: 結局,〈make + O + C〉のCになれるのは,何よ?

い: 名詞・形容詞・原形不定詞・過去分詞の4つだな。

ジ: そんなの,いちいち覚えるの?

い: そうだ。「〈make + O + to 不定詞 / 〜 ing〉は不可」と覚えてもいい。詳しくは,【point20】で説明しよう。

第1日 文の構造と動詞の語法

point 16 知覚動詞・使役動詞の受動態

> He **was seen to enter** the room.
> (彼はその部屋に入るのを見られた)

い：受動態は3日目に取り上げるが，話の流れで，これだけは先にやっておこう。

◎ They saw him **enter** the room.
　（彼らは彼がその部屋に入るのを見た）
　→ He was seen **to enter** the room (by them).

能動態は，〈知覚動詞（see）＋ O ＋原形不定詞〉の形だ。受動態にすると，原形不定詞（enter）の前に to がつく。

ジ：じゃあ，能動態が enter じゃなくて entering だったら？

い：そのときは，形を変える必要はない。

◎ They saw him entering the room.
　→ He was seen entering the room (by them).

使役動詞のときも，「原形に to がつく」点は同じだ。

◎ They made me work till midnight.
　→ I was made to work till midnight.
　（私は深夜まで働かされた）

ジ：受動態だと，なぜ to がつくの？

い：まあ，何て言うか…口調の関係？

ジ：あたしに聞くなよ。あんた教師でしょうが。

い：He was seen enter the room. だと，何となくヘンだろ？

もっとも，使役動詞のうちで受動態が作れるのは make だけだ。let や have からは受動態は作れない。

◎ They let him go home. （彼らは彼を帰宅させた）
  → He was allowed [× let] to go home.
   （彼は帰宅を許された）

make の場合も，I was made to work. よりも，I was forced to work.（私はむりやり働かされた）の方が普通の言い方だ。ネイティブの中には，I was made to work. のような形を認めない人も少なくない。

ジ：そう言われると，He was seen to enter the room. っていう文も，なんかヘンな感じがするけど。

い：この文は，もちろん文法的には問題ない。ただ，受動態で表現する必然性があるか？と考えると，特別な状況でない限り，たとえば They saw him enter(ing) the room. と能動態で表すのが自然だろう。同じように，We heard a dog barking.（犬が吠えているのが聞こえた）と言えば済むところを，A dog was heard barking. とわざわざ受動態で表現する必要はない。そういう意味では，今回出した言い方は知らなくてもかまわない，と言えなくもないかも。じゃあ教えるなよ！

ジ：おまえが言うなー！

point 17 have ＋ O ＋過去分詞
（Oを〜される）

I *had* my bike *stolen*.
（私は自転車を盗まれた）

ジ：これ，I was stolen my bike. じゃダメなの？
い：その形は，文法的に説明がつかない。

(a) He asked me a question.

(a)' I was asked a question by him.
（私は彼に１つの質問をされた）

(a)' が正しいのは，(a)（能動態）が前提にあって，その目的語の me が受動態の主語になるからだ。

ジ：で？
い：(b)のようには言えないから，(b)' も正しくない。

(b) Someone stole me my bike.（×）

(b)' I was stolen my bike (by someone).（×）
（私は（誰かに）自転車を盗まれた）

ジ：(b)は，なんで正しくないの？
い：steal（盗む）は，ＳＶＯＯの形をとれない。しかし，Someone stole my bike. とは言える。だから，My bike was stolen (by someone). は正しい。これを，I を主語にして表現しようとしたのが，I had my bike stolen. だ。この形は

48

第5文型（ＳＶＯＣ）で，「ＯがＣされる」の関係になっている。

ジ：動詞は，なんで had なの？

い：「私は『自転車が盗まれるという状況（my bike stolen）』を持った（had）」と考えればいい。

ジ：なんか，強引だなー。

い：次の形で覚えとけ！

★ have ＋物＋過去分詞＝自分の持ち物を〜される

意味から考えて，「物」の部分は my bike のように〈one's ○○〉の形になるのが普通だ。

ジ：じゃあ，「私は彼に心を奪われた」は，I had my heart stolen by him. でいいの？

い：アホか。それだと心臓を抜き取られたことになっちゃう。無難に言うなら I fell in love with him. だな。

ジ：じゃあ，「私は彼にバージンを奪われた」は？

い：やけに熱心だな，おまえ。I was raped by him. でいいんじゃないか？

ジ：こらーっ！

い：和英辞典流に言えば，I made love with him for the first time. かな。

ジ：それだと，「彼とは初めてだ」の意味になるんじゃ…

い：いちいちうるせーよ。I gave my virginity to him. なら文句ないか？

ジ：「彼のために」ってことで，for him になんない？

い：なんない。【point7】をよく読め！

第1日　文の構造と動詞の語法

point 18 have と get

> (a) She ***had [got]*** the dishes ***washed*** by her husband.
> (b) She ***had*** her husband ***wash*** the dishes.
> ≒ She ***got*** her husband ***to wash*** the dishes.
> (彼女は夫に皿を洗ってもらった)

ジ：(a)は，さっきの I had my bike stolen. と同じ形じゃん。「彼女は夫に皿を洗われた」じゃダメなの？

い：さっき説明したように，the dishes が her dishes なら，そういう（ヘンな）意味になるかもしれない。でも〈have + O +過去分詞〉には，「～してもらう」の意味もあるんだ。次の訳語は，正確に覚えておこう。

★ **have [get] + O +過去分詞**
　= ① Oを～される　② Oを～してもらう

★ **have + O +原形不定詞 / get + O + to 不定詞**
　= ① Oに～させる　② Oに～してもらう

ジ：じゃあ，(b)は「彼女は夫に皿を洗わせた」っていう意味にもなるわけ？

い：当然だ。夫婦の力関係によって，「洗わせた」「洗ってもらった」の両方の意味に解釈できる。

ジ：なんだかなあ…

い：ＳＶＯＣの構造で，Ｃの位置に置かれる要素は，動詞に

よって違う。だから、それぞれの動詞がどの形をとることができるかを、1つずつ覚えていく必要がある。主なものをまとめてみよう。

動詞	to 不定詞	原形不定詞	現在分詞	過去分詞
make	×	○	×	○
let	×	○	×	×
have	×	○	△	○
get	○	×	○	○
keep	×	×	○	○
see	×	○	○	○

（注）△は、高校レベルではあまり出てこない形。
ＳＶＯＣで「ＯがＣされる」の関係が成り立っているときは、Ｃは過去分詞になる。「ＯがＣする［である］」の関係のときは、to 不定詞・原形不定詞・現在分詞のどれかの形を使う。

ジ：keep って、まだ出てきてなかったと思うけど。
い：次のように覚えておこう。

★ keep ＋ O ＋〜 ing ＝ ＯがＣする状態に保つ
★ keep ＋ O ＋過去分詞 ＝ ＯがＣされる状態に保つ

◎ Don't keep your friend waiting.
（友人を待たせておいてはいけない）
◎ Keep the door locked.
（ドアにはカギをかけておきなさい）
〈Ｃ＝形容詞〉も可能だ。「部屋を暖かくしておきなさい」なら、Keep the room warm. になる。

point 19 V + O + (to be +) C

> I *think* her *to be* an efficient secretary.
> (彼女は有能な秘書だと思う)

ジ：I think の後ろは，that じゃないの？

い：もちろん，次の文も正しい。

◎ I think (that) she is an efficient secretary.

ていうか，こっちの方が普通の言い方だ。

ジ：だったら，こっちを使えばいいじゃん。

い：実際の会話では，それでOK。でも，英文を読むときは，一応上の形も知っておく必要がある。比較のために，次の例も見ておこう。

◎ This problem *seems (to be)* difficult.

（この問題は難しそうだ）

seem・appear（～らしい）は，第2文型（SVC）を作る動詞だ。このとき，〈seem + (to be +) C〉になる。

ジ：to be がカッコに入ってるのは？

い：C（補語）の前の to be については，ほぼ次のルールが当てはまる。

★C＝形容詞 → to be は省略することが多い。

★C＝名詞 → to be は省略しないことが多い。

ジ：じゃあ，She became a doctor.（彼女は医者になった）の場合は，became の後ろに to be が省略されてるの？

い：それは間違い。ＳＶＣ型の動詞がいつでも to be の形をとれるわけじゃない。たとえば，He looks sick.（彼は具合が悪そうだ）を，He looks to be sick. とは言わない。look の後ろには形容詞しか置けないからだ。

ジ：じゃあ，どんな動詞が to be の形をとるの？

い：ＳＶＣ型だと，***seem・appear*** のほかは，***prove***（～だとわかる）くらいだな。【→ point 6】

  ◎ The rumor proved [turned out] to be true.
   （そのうわさは本当だとわかった）

  ＳＶＯＣ型は，***think・suppose・consider*** など「思考」を表す動詞がこの形をとる。find もそうだ。

  (a) I found him to be an honest man.
  (b) I found him (to be) honest.

  これらはどちらも「彼は正直者だとわかった」の意味だが，(a)で to be を入れることが多いのは，後ろに名詞（man）があるからだ。

ジ：じゃあ，たとえば I want him to be my lover.（彼に恋人になってほしい）の to be は省略できないけど，I want him to be kind to me.（彼に親切にしてほしい）の to be なら省略できるわけ？

い：ダメ。思考を表す動詞以外では，to be は常に省略しない。

ジ：want は，思考を表すんじゃないの？

い：思考じゃなくて，ただの欲だろ！　ついでに言っとくと，lover は普通「愛人」って意味だから。

ジ：げー！　あ，いいや愛人でも。

い：よかねえよ！

第１日　文の構造と動詞の語法　53

point 20 第5文型のまとめ

Keep your eyes ***closed***.
（目を閉じたままにしておきなさい）

い：第5文型（ＳＶＯＣ）は，高校の英語学習の中で最重要ポイントの1つと言える。ＳＶＯＣのＣの位置に置ける要素を，もう一度まとめてみよう。

(a) We named the dog <u>Pochi</u>.〈名詞〉
（私たちはその犬をポチと名づけた）

(b) His attitude made me <u>uneasy</u>.〈形容詞〉
（彼の態度は私を不安にした）

(c) I think him <u>(to be) a gentleman</u>.〈(to be ＋) 名詞〉
（彼は紳士だと思います）

(d) I caught a boy <u>shoplifting</u> at the store.〈現在分詞〉
（その店で男の子が万引きしているのを見つけた）

(e) I want the wall <u>painted</u> white.〈過去分詞〉
（その壁は白く塗ってほしい）

(f) They forced him <u>to sign</u> the contract.〈to 不定詞〉
（彼らは彼にむりやり契約書に署名させた）

(g) Let me <u>know</u> your e-mail address.〈原形不定詞〉
（あなたのメールアドレスを教えてください）

ＯとＣの間には **〈ＯがＣである〉** という関係が成り立っている。たとえば(a)は〈the dog was Pochi〉，(b)は〈I was

54

uneasy〉の関係を含んでいる。

ジ:〈C＝不定詞・分詞〉はOKなのに、動名詞はダメなの？

い: SVOCの形で〈C＝〜ing〉のときは、この〜ing形は必ず現在分詞と解釈する。もう1つのポイントは、「動詞によってどの要素を取れるかが決まっている」ということだ。第5文型で使う主な動詞がCの位置に置ける形を、もう一度まとめてみよう。

動詞	名詞	形容詞	to不定詞	原形不定詞	現在分詞	過去分詞
allow	×	×	○	×	×	×
call	○	×	×	×	×	×
find	○	○	○*	**×**	○	○
get	×	×	○	**×**	○	○
have	×	×	**×**	○	△	○
help	×	×	○	○	**×**	×
keep	×	○	**×**	×	○	○
let	×	×	**×**	○	×	×
make	○	○	**×**	○	×	○
see	×	×	**×**	○	○	○
think	○	○	○*	**×**	×	×

（注）○* は、〈to be ＋ C〉の形のみ可。

ジ: こんなに、覚えられるわけないじゃん！

い: 太字の×、特に「to不定詞をとれない動詞」が大切だ。辞書をひくときは、それぞれの動詞がどの形で使えるかを必ず確認するように！

練習問題 第1日

/20

A カッコ内に入る適当な語句を1つ選んでください。

(1) My sister (　　) a lawyer.
　① married to　② got married
　③ married with　④ got married to

(2) (　　) do you like your new boss?
　① What　② Who　③ How　④ Which

(3) This fish (　　) bad.
　① is smell　② is smelling
　③ smells　④ is smelled

(4) I sometimes cook supper (　　) my family.
　① for　② to　③ by　④ in

(5) Did you hear someone (　　) us?
　① calling　② called　③ to call　④ who call

(6) I think (　　) the best singer of this year.
　① she　② her to　③ her to be　④ to be her

(7) I couldn't get my car (　　) this morning.
　① start　② to start　③ starting　④ started

B カッコ内の動詞を，適当な形に直してください。

(1) I (have) lunch when he called me.
(2) I've never heard the song (sing) at karaoke.

(3) She appears (feel) uneasy.
(4) His advice made me (change) my mind.
(5) Hurry up! There is little time (leave).

C カッコ内の語を適当に並べ換えてください。

(1) Do your parents [out, to, you, stay, allow] late?
   (遅くまで外出していても親は許してくれるの？)
(2) What [new, your, like, is, office] ?
   (君の新しい職場はどんなところだい)
(3) Whose [think, is, you, car, do, this]?
   (これは誰の車だと思いますか)
(4) I'll [by, son, have, examined, my] a doctor.
   (私は息子を医者にみてもらうつもりだ)
(5) It [candidate, to, wins, matter, which, me, doesn't].
   (どの候補者が勝とうが私にはどうでもよい)

D 英訳を完成してください。

(1) この魚は英語でどう言いますか。
   _____ called in English?
(2) 君にこの仕事を手伝ってもらいたい。
   I'd _____ with this job.
(3) 自分の車にはいつもカギをかけておきなさい。
   Always _____.

正解と解説

A

(1) ④ (2) ③ (3) ③ (4) ① (5) ① (6) ③ (7) ②

(1)「姉は弁護士と結婚した」
　get married to ～ ＝ marry ～ ＝～と結婚する
(2)「新しい上司はいかがですか」
　How do you like ～ ? ＝～はいかがですか
(3)「この魚はいやなにおいがする」
　S ＋ smell(s) ＋形容詞＝Sは～のにおいがする
(4)「私は時々家族のために夕食の料理をする」
　cookは第4文型で使える動詞。第3文型のときはforを使う。
(5)「誰かが私たちを呼んでいるのが聞こえましたか」
　hear ＋ O ＋ ～ ing ＝Oが～しているのが聞こえる
(6)「彼女は今年最高の歌手だと思う」
　think ＋ O ＋ (to be ＋) C ＝OがCだと思う
(7)「けさ車のエンジンがかからなかった」
　get ＋ O ＋ to *do* ＝Oに～させる

B

(1) was having (2) sung (3) to feel [to be feeling] (4) change
(5) left

(1)「彼が電話してきたとき，私は昼食を食べていた」

(2)「その歌がカラオケで歌われるのを一度も聞いたことがない」
(3)「彼女は不安に感じているように見える」
(4)「彼の忠告は私を心変わりさせた」
(5)「急げ。時間がほとんど残っていない」

C

(1) allow you to stay out (2) is your new office like (3) car do you think this is (4) have my son examined by (5) doesn't matter to me which candidate wins

---

(1) allow + O（人）+ to *do* ＝ Oが〜するのを許す
(2) What is 〜 like? ＝〜はどのようなものですか
(3) do you think の後ろの語順が〈S + V〉になる点に注意。
　（Whose）do you think this car is? も正解。
(4) have + O + 過去分詞＝（自分の）Oを〜してもらう
(5) It doesn't matter は「問題［重要］ではない」の意味。It は which 以下を受ける形式主語。

D

(1) What is this fish (2) like you to help me (3) keep your car locked

---

(1) 返答は It's called 'tuna'. のようになる。
(2) would like + O + to *do* ＝Oに〜してもらいたい
(3) keep + O + 過去分詞＝Oが〜されたままにしておく

第2日

不定詞・分詞・動名詞

point 21 不定詞の意味上の主語①

> There is no reason *for you to apologize*.
> (君が謝る理由はない)

い：まず，次の2つを比べてみよう。

(a) I want to wash the bathtub.
(私は浴槽を洗いたい)

(b) I want you to wash the bathtub.
(私はあなたに浴槽を洗ってほしい)

ジ：(b)は，おたくの奥さんのセリフ？

い：ほっとけ。(a)で「浴槽を洗う」のは誰だ？

ジ：そりゃ，「私」でしょ。

い：じゃあ，(b)の場合は？

ジ：洗うのは「あなた」ね。

い：そうだ。不定詞が表す動作をする人のことを「不定詞の意味上の主語」と言い，次の関係が成り立つ。

★**不定詞の前に何もないとき**
　→ **不定詞の意味上の主語＝文全体の主語**
★**不定詞の前に「人」が示されているとき**
　→ **不定詞の意味上の主語＝その人**

ただし，「人」でない場合もあるからな。

◎ I don't want an earthquake to occur in Tokyo.
(東京で地震が起きてほしくない)

ジ：これは，前にやった〈V＋O＋to 不定詞〉のパターンでしょ？【→ point12・13】

い：そうだ。ここでは，「意味上の主語＋不定詞」の応用形を見ていこう。まず，最初に挙げた文だ。

◎ There is no reason <u>for you</u> <u>to apologize</u>.

この文の to apologize は，reason を修飾する形容詞用法だ。「誰が謝るのか」をはっきりさせるために，for you を不定詞の前に置いたわけだ。

ジ：前置詞は，なんで for なの？

い：次の例文を見てみよう。

◎ It is necessary <u>for you</u> <u>to lose</u> weight.
　（君は減量することが必要だ）

この for you は，to lose（名詞用法）の意味上の主語だ。この文は「減量することは君にとって必要だ」とも訳せるだろう。上の文も同じで，「君にとって（の）謝る理由」と考えればいい。次は，副詞用法の不定詞の前に意味上の主語が置かれた例だ。

◎ I stepped aside <u>for the woman</u> <u>to pass</u>.
　（その女性が通れるよう私はわきへ寄った）

それから，こんなパターンもある。

◎ I'm waiting <u>for him</u> <u>to propose</u> to me.
　（私は彼が求婚してくれるのを待っています）

〈wait for ＋ O〉なら「Oを待つ」だが，〈wait for ＋ O ＋ to *do*〉だと「Oが～するのを待つ」の意味になる。

ジ：結局，どの用法の不定詞でも〈for ＋人〉をつけりゃいいわけね。

point 22 不定詞の意味上の主語②

It is stupid *of you* to believe him.
（彼の言うことを信じるとは，君は愚かだ）

ジ：これ，さっきと違うじゃん。なんで of なの？
い：次のように覚えておこう。

★ **It is 性格形容詞 of ＋人 to *do*.**
＝ ～するとは（人）は…だ

「性格形容詞」とはオレの発明した新語で，人の性格を表す形容詞のことだ。

ジ：まんまじゃん！
い：*kind/good/nice*（親切な），*honest*（正直な），*careless*（不注意な），*foolish/stupid/silly*（愚かな），*polite*（礼儀正しい），*rude*（無礼な）などが，この形をとる。次の例も，この形の変形だ（it is が省略されている）。

◎ How careless of you to make the same mistake!
（同じ間違いをするとは，君は何と不注意なのか）

ジ：for を使うときとは，どう違うの？
い：端的に言うと，こんな違いがある。

(a) It is easy / for you to pass the test.
 [＝ For you to pass the test is easy.]
 （君がそのテストに合格するのは簡単だ）

(b) It is kind of you / to invite me to dinner.

[= <u>You are kind</u> to invite me to dinner.]
(夕食にご招待いただきご親切さまです)
(a)と(b)の違いが，わかるかな？

ジ： 書き換えた文の形が違う。

い： 意味の切れ目（スラッシュの位置）も違うだろ。(a)の to pass は名詞用法，(b)の to invite は副詞用法の不定詞だ。だから(b)では，You are kind to invite ～ のような言い換えができるわけだ。この to invite は「判断の根拠」を表す用法で，「～招待する<u>とは</u>あなたは親切だ」の意味を表す。

ジ： じゃあ，(b)のタイプの文は，いつでも人間を主語にして言い換えられるの？

い： そういうことだ。もう１つ例を挙げよう。

◎ <u>It's polite of you</u> to send him a letter of thanks.
→ <u>You are polite</u> to send him a letter of thanks.
(彼に礼状を送るとは，君は礼儀正しい人だ)

ジ： だったら，いつも下の形を使えばいいじゃん。

い： そうとも言えない。たとえば，不定詞の内容がお互いにわかっているときは，It's very kind of you. のように to 以下を省略して言うことができる。of を使う形も，一応知っておく方がいいだろう。

point 23 「程度」を表す不定詞

My sister is old ***enough to get*** married.
（私の姉は，結婚できる年齢です）

い： 高校で習う副詞用法の不定詞の主な用法を，一応示しておこう。
① 目的 ② 結果 ③ 程度 ④ 感情の原因
⑤ 判断の根拠 ⑥ 条件 ⑦ 独立用法

ジ： いかにも「文法の授業」って感じね。

い： しかし，自分で英語を使う場合に大切なのは，①と④くらいだ。⑦は一種の熟語だし，②⑤の頻度は高くない。③は，次の2つを覚えておけば十分だろう。

★ too ＋ 形・副 ＋ to 不定詞＝～するには…すぎる
　　　　　　　　　　　　　　　…すぎて～できない

★ 形・副 ＋ enough ＋ to 不定詞＝～するのに十分…だ

ジ： 形・副 ってのは，形容詞と副詞のこと？

い： そうだ。不定詞の前に意味上の主語を置く場合もある。

◎ This skirt is too tight for me to wear.
（このスカートはきつすぎて私にははけない）

◎ This book is easy enough for children to read.
（この本は子供が読めるくらいやさしい）

ジ： enough は，形容詞や副詞の前に置いちゃダメなの？

い： それは間違いだ。ただし，enough が「十分な」の意味の

形容詞のときは，名詞の前後どちらにも置ける。
　　◎ I don't have <u>enough</u> money to buy the DVD.
　　◎ I don't have money <u>enough</u> to buy the DVD.
　　　（私はそのＤＶＤを買うのに十分なお金を持っていない）
ジ：せっかくだから，③以外にも，最初に出てきた①〜⑦の例文を１つずつ出してほしいんだけど。
い：じゃあ，副詞用法の不定詞が「程度」以外の意味を表す例を，１つずつ出しておこう。ただし，「⑥条件」は省く。実際に使われることはほとんどないからな。
① 目的（〜するために）：
◎ Please come <u>to see</u> me any time.
　（いつでも私に会いに来てください）
② 結果（〜して）：
◎ I awoke <u>to find</u> it was close to noon.
　（目覚めると昼近くだった）
④ 感情の原因（〜して）：
◎ They were glad <u>to hear</u> the news.
　（彼らはその知らせを聞いて喜んだ）
⑤ 判断の根拠（〜するとは）：
◎ You are kind <u>to say</u> so.
　（そう言っていただいてご親切さまです）
⑦ 独立用法：
◎ <u>To begin with</u>, we are short of money.
　（まず第一に，我々には金が足りない）

point 24 It takes ＋(人＋)時間＋ to 不定詞

> It ***took me an hour to solve*** this puzzle.
> (このパズルを解くのに私は1時間かかった)

ジ：最初の It って，何？

い：この It は形式主語で，to solve this puzzle を指すと考えればいい。

ジ：形式主語っていうのは，こんなやつでしょ？

◎ <u>It</u> is difficult <u>to solve</u> this puzzle.
（このパズルを解くのは難しい）

い：確かに，形式主語構文は〈It is ＋形容詞＋ to 不定詞〉の形をとることが多い。しかし，ほかの形もある。特に，この形は丸暗記しておこう。

★ It takes ＋(人＋)時間＋ to *do*.
＝（人が）〜するのに…［時間］がかかる

ジ：上の文って，これじゃダメなの？

◎ I <u>took</u> an hour to solve this puzzle.

い：そうとも言う。take は「(時間)を必要とする」という意味だから，下のように物を主語にもできる。

◎ This puzzle took me an hour.

ジ：結局，どう言ってもいいんじゃん。

い：そりゃそうだが，It を使う形は覚えておく方がいい。たとえば「このパズルを解くのにあなたは何時間かかりま

したか？」を英訳してみよう。
- **ジ**：「何時間」って，what time かな？
- **い**：それは「何時」だ。時間の長さを尋ねるときは，how long（文字どおり「何時間」なら how many hours）を使う。
- **ジ**：じゃあ，こうかな。
  ◎ How long <u>did it take</u> you to solve this puzzle?
- **い**：それでいい。ついでに，cost の使い方も見ておこう。
  ◎ It <u>cost</u> me 500 yen to rent the CD.
  （私はそのＣＤを借りるのに500円かかった）
- **ジ**：過去のことだから，costed じゃないの？
- **い**：動詞の活用くらい覚えとけ！　cost の活用は，cost − cost − cost だ。take は時間，cost は金額について使う。

  ★ **It costs ＋ (人 ＋) 金額 ＋ to** *do.*
  ＝（人が）〜するのに…［金額］がかかる

  take と同じように，〈物＋ cost(s)〉の形にもできる。
  ◎ <u>This CD</u> <u>cost</u> (me) 3,000 yen.
  （このＣＤは3,000円した）
- **ジ**：じゃあ，<u>I cost</u> 3,000 yen to buy this CD. もＯＫ？
- **い**：それはダメ。take は人も主語にできるが，cost は人を主語にできない。だから，It で始める形を覚えておこう。疑問文は，こんな形になる。
  ◎ How much <u>did it cost</u> (you) to rent the CD?
  （そのＣＤを借りるのにいくらかかりましたか）

point 25 完了不定詞

> His wife is said ***to have run*** away with her lover.
> (彼の奥さんは愛人と駆け落ちしたそうだ)

い：誰だ，こんな例文書いたの！ 縁起悪いだろ！

ジ：だから，作者だよ。

い：うちの家庭のことじゃないからな。はあはあ。

ジ：興奮すんなよ，オヤジ。

い：…完了不定詞って，何？

ジ：それは，あたしのセリフ！ 冷静になれ。

い：まあ，今度だけは許してやる。次の2つを見ろ。

(a) It is said that he <u>is</u> in the hospital now.
  → He is said <u>to be</u> in the hospital now.
  (彼は今入院しているそうだ)

(b) It is said that he <u>was</u> in the hospital last month.
  → He is said <u>to have been</u> in the hospital last month.
  (彼は先月入院していたそうだ)

(b)の下線部が，完了不定詞だ。

ジ：だから，なんでそうなるの？

い：不定詞は「動詞」じゃないから，時制を持たない。

ジ：なんで？ to be の be は動詞じゃん。

い：よく考えてみろ。「不定詞の3用法」とは，名詞・形容詞・副詞用法であって，「動詞用法」なんてない。当たり

70

前だ。動詞の前に to をつけて，動詞以外の働きをさせるのが不定詞の存在理由なんだから。

ジ：なるほど。

い：で，時制を持たない不定詞がどの「時点」のことを言っているのかは，文全体の動詞から判断する。たとえば(a)の to be は，文全体の動詞（is）の時制に一致して，「今入院している＋と言われている」の意味になる。ところが(b)では，「先月入院していた＋と言われている」わけだから，こんな関係になっている。

```
        ▲              ▲
      過去            現在
   （入院していた）  （言われている）
```

だから，こう言えば話は簡単なわけだ。

◎ He is said to was in the hospital. （×）

ジ：to was は，ダメなの？

い：不定詞の to の後には，動詞の原形を置く必要がある。そこで，was の代わりに完了形（have been）を使う。

ジ：なんで，完了形なのよ？

い：この完了形は，**「文全体の動詞から見た過去」**を表す，と考えればいい。なお，こんなケースもある。

(c) It is said that he has been in the hospital for a week.
→ He is said to have been in the hospital for a week.
（彼は1週間入院しているそうだ）

これは，to have been が現在完了の意味を表す例だ。

第2日 不定詞・分詞・動名詞　71

point 26 〈V +動名詞〉と〈V + to 不定詞〉

(a) I *remember seeing* her somewhere.
(**彼女にはどこかで会った覚えがある**)
(b) *Remember to call* me tomorrow.
(**明日私に電話するのを覚えておきなさい**)

い：「メガフェプス」って，聞いたことあるか？
ジ：ある。けど，何だったかは忘れた。
い：*m*ind, *e*njoy, *g*ive up, *a*void, *f*inish, *e*scape, *p*ractice, *s*top の頭文字を並べたものだ。これ，何のことだ？
ジ：さあ，何でしたかのう。最近物忘れがひどくてのう。
い：年寄りか！ これらは，〈V +動名詞〉の形だけをとれる動詞だ。たとえば「泳ぐのを楽しむ」は enjoy swimming が正しく，enjoy to swim とは言えない。逆に want, hope, decide, promise などは，〈V + to 不定詞〉の形しかとれない。
ジ：ああ，そうそう。
い：一方，(a)(b)のように「両方の形がとれるが，意味の違う動詞」がある。その代表が，remember と forget だ。

★ **remember +〜 ing =〜したことを覚えている**
★ **remember + to 不定詞 =〜することを覚えておく**

つまり，〜 ing は「過去のこと」を，to 不定詞は「未来の［これから行う］こと」を表している。

ジ：なんか，覚えにくいんだけど。

い：「～ ing は済んだこと，to 不定詞はまだ済んでいないこと」と覚えておけばいい。forget の場合も同じだ。次のカッコの中から，正しい方を選んでみろ。

　◎ I forgot (locking, to lock) the door.
　　（私はドアにカギをかけ忘れた）

ジ：ええと…これは過去の話だから，locking？

い：違う。「まだ済んでいないこと」だから to lock だ。

ジ：え？　もう済んだことじゃないの？

い：「カギをかける」という行為をしていないわけだから，「済んだ」とは言えない。

　◎ I'll never forget meeting you here.
　　（あなたとここで会ったことは決して忘れません）

この場合，「会う」という行為はもう済んだことだから，meeting を使う。もう 1 つ例を見てみよう。

　◎ I tried (pushing, to push) the button, but nothing happened.
　　（私は試しにそのボタンを押してみたが，何も起きなかった）

正しいのはどっちだ？

ジ：to push かな？

い：はずれ。押す動作はもう済んでいるから，tried　pushing が正しい。tried to push だと「押そうとした」で，押す動作がまだ済んでいないことになる。押していなきゃ，何も起きないのは当たり前だ。

第 2 日　不定詞・分詞・動名詞　73

point 27 be動詞＋to不定詞

> The meeting *is to be held* next Monday.
> （会合は来週の月曜日に行われる予定です）

い： まず，〈be 動詞＋ to 不定詞〉の２つのパターンを見ておこう。

◎ My dream <u>is</u> <u>to become</u> a lawyer.
（私の夢は弁護士になることです）

ジ： これは，「AはBです」のパターンよね。

い： そう。to become（～になる<u>こと</u>）は，名詞用法の不定詞だ。じゃあ，次の文はどうだ？

◎ Mr. Harada <u>is</u> <u>to retire</u> next year.
（原田氏は来年退職することになっています）

ジ： この to retire は…何用法？

い： 3用法のどれかに分類する必要はない。次のように覚えておこう。

★〈be 動詞＋ to 不定詞〉は，予定・義務・可能などの意味を表すことがある。

この表現は，助動詞に近い働きをすると考えていい。上の文の is to retire は，「退職する予定だ」の意味を表している。最初に挙げた例文の is to be held も，「開かれる予定だ」の意味だ。そのほかの意味の例も出しておこう。

◎ You're <u>to report</u> to the president's room.

（君は社長室に出頭しなさい）〈義務〉
◎ My bag was nowhere to be found.
　　（私のバッグはどこにも見当たらなかった）〈可能〉
下線部はそれぞれ，must report, could be found の意味だと思えばいい。少し形は違うが，次の言い方もよく使うので覚えておこう。
◎ He is supposed to arrive at six.
　　（彼は6時に着くことになっている）
◎ You're not supposed to eat in this room.
　　（この部屋で物を食べてはいけません）
〈be supposed ＋ to不定詞〉は，「〜することになっている」「〜しなければならない」の意味だ。これも，一種の助動詞のような働きをしている。

ジ：同じ形に見えるのに，意味が違うのはややこしい。
い：言葉ってのは，そういうもんだ。もっと基本的な例を言えば，〈be動詞＋〜ing〉にも2通りの意味がある。

(a) She is swimming.（彼女は泳いでいる）
(b) Her hobby is swimming.（彼女の趣味は水泳だ）

(a)は第1文型(現在進行形)だが，(b)は第2文型 (swimming は動名詞) だ。

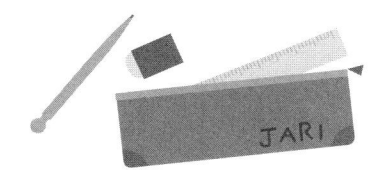

point 28 be 動詞＋形容詞＋ to 不定詞①

> ***This car is easy to drive.***
> **(この車は運転しやすい)**

い： 上の文は正しいが，次の文は間違いだ。

◎ <u>You</u> are easy to drive this car. （×）
（君がこの車を運転するのは簡単だ）

ジ： easy to drive の部分は，どっちも同じだけど。

い： 最初の文は，こんな構造を持っている。

(a) It is easy to drive this car.

(b) This car is easy to drive.

つまり，「文の最後にある目的語（this car）が，文頭の形式主語 It の位置に移動した」ということだ。

ジ： そんなこと，できるの？

い： 特定の形容詞については，こういう書き換えが可能だ。そしてそれらの形容詞は，<u>この書き換えが成り立つときにだけ</u>，〈be 動詞＋形容詞＋ to 不定詞〉の形をとることができる。You are easy to drive this car. が間違いなのは，その前提となる（上の(a)に当たる）文が作れないからだ。

◎ It is easy to drive this car <u>you</u>. （×）

ジ： 「特定の形容詞」って，どんなの？

い：主なものは，***easy***，***difficult***，***hard***，***impossible***，***pleasant*** などだ。hard の場合を考えてみよう。

(c) The boy is hard to teach. (○)
  (その男の子に教えるのは難しい)
(d) The boy is hard to learn English. (×)
  (その男の子が英語を学ぶのは難しい)

(c)は，It is hard to teach the boy. が成り立つので正しい。(d)は，It is hard to learn English the boy. が成り立たないので間違いだ。一方，(c)の hard をたとえば necessary に置き換えて，The boy is necessary to teach.（その男の子に教える必要がある）という文を作ることはできない。necessary は easy 型の形容詞ではないからだ。

ジ：う～ん…わかったような，わかんないような。

い：もっと単純に言えば，こう覚えておいてもいい。

  ★形式主語構文を作る形容詞は，原則として〈人＋ be 動詞＋形容詞＋ to 不定詞〉の形では使わない。

ジ：あ，この方がわかりやすい。

い：例を挙げよう。

(e) It is important for you to study English. (○)
(f) You are important to study English. (×)

important は easy 型の形容詞じゃないから，どんな場合も「人」を主語にはできない。easy 型の形容詞の場合は，「文尾の目的語（人）を It の位置に置いたときだけ，『人』を主語にした文が作れる」ということだ。

第 2 日　不定詞・分詞・動名詞　77

point 29 be動詞＋形容詞＋to不定詞②

Which candidate *is likely to* win?
(どの候補者が勝ちそうですか)

い：〈S ＋ be動詞＋形容詞＋ to不定詞〉の形には，いくつかのパターンがある。まとめて並べてみよう。

① glad 型
◎ I was glad to hear the news.
(その知らせを聞いてうれしかった)
　　→ to hear は「感情の原因」を表す。

② careless 型
◎ You were careless to forget her birthday.
(彼女の誕生日を忘れるとは君は不注意だった)
　　→ to forget は「判断の根拠」を表す。

③ easy 型
◎ This software is easy to use.
(このソフトは使いやすい)
　　→ 形式主語構文（It is easy to use this software.）に書き換え可能。【→ point28】

④ その他
◎ I'm willing to help you.
(喜んであなたのお手伝いをします)
　　→〈be willing ＋ to不定詞〉(すすんで〜する)のよう

78

に，慣用表現として暗記すべきもの。
ジ：④が，なんかいっぱいありそう。
い：実際，いっぱいある。その中で特に注意すべき形容詞の1つが，***likely***（〜しそうだ）だ。

◎ ***It is likely that*** Mr. Abe will win the election.

◎ Mr. Abe ***is likely to*** win the election.
（阿部氏が選挙に勝ちそうだ）

likely は，上のような2つの形で使うことができる。反対語の unlikely（〜しそうにない）も同じだ。
ジ：この形，どっかで見たような気が。
い：そう。たとえば，次の言い換えとよく似ている。

◎ It is said that Mr. Ozawa is in the hospital.

◎ Mr. Ozawa is said to be in the hospital.
（小沢氏は入院しているそうだ）

ジ：この形で使う形容詞って，ほかにもあるの？
い：*certain*（確実な）も，同じような言い換えができる。そのほか，次のような慣用表現も覚えておこう。

- be ***apt*** to *do* = 〜しがちだ
- be ***bound*** to *do* = 必ず〜する，〜する義務がある
- be ***eager [anxious]*** to *do* = しきりに〜したがる
- be ***free*** to *do* = 自由に〜できる
- be ***slow*** to *do* = なかなか〜しない
- be ***sure*** to *do* = きっと〜するだろう

point 30 分詞の限定用法①

> This shop is convenient for ***working*** mothers.
> (この店は，働く母親たちにとって便利です)

い：分詞が名詞を修飾する例は，前の本でも出した。
- a sleeping baby（眠っている赤ん坊）
- a broken window（壊れた［壊された］窓）

ジ：でも，sleeping baby と working mother って，ちょっと意味が違うような気がするんだけど。sleeping baby は「今眠っている赤ん坊」だけど，working mother は「今働いている母親」でなくてもいいでしょ。「仕事は持っているが，今は寝ている母親」も，working mother って言えるんじゃないの？

い：そのとおり！　少し例を見てみよう。
- boiling water（沸騰した湯）= water that is boiling
- a flying saucer（空飛ぶ円盤）= a saucer that flies
- frozen food（冷凍食品）= food that is frozen
- polluted air（汚れた空気）= air that was polluted

正確に言うと，こうなるわけだ。

★**現在分詞＋名詞**
　＝ ① ～している○○　② ～する○○
★**過去分詞＋名詞**
　＝ ① ～されている○○　② ～された○○

ジ：つまり，a working mother ＝ a mother who works，ってことね。

い：そう。もう1つ，こんなのもあるぞ。
- a <u>retired</u> businessman（引退した実業家）

ジ：retire って，なんて意味？

い：さっき出てきただろ。「退職［引退］する」だな。

ジ：あれ？　でも，過去分詞は「～される」の意味でしょ？「引退される」って，ヘンじゃない？

い：retire は自動詞だから，受動態にはできない。fallen leaves（落ち葉）ってのは，聞いたことあるか？

ジ：教科書に載ってたような…

い：fall（落ちる）も自動詞だ。つまり，

★ 自動詞の過去分詞＋名詞 ＝ ～してしまった○○

さらに，前の本でも出したが，a <u>non-smoking</u> car（（列車内の）禁煙車）のパターンも知っておこう。

ジ：これだと「たばこをすっていない車両」の意味にならないの？

い：a <u>living</u> room（居間）が「生きている部屋」にならないのと同じだ。この living や non-smoking は動名詞で，「～するための」の意味を表す。

ジ：見分け方がわかんない。

い：「生きている部屋」とか「たばこをすわない車両」なんてモノが，この世にあるわけないだろう！

point 31 分詞の限定用法②

> The baby *sleeping* on the bed is my son.
> (ベッドで眠っている赤ん坊は私の息子です)

い：これも前の本でも説明したんだけど，大切だからもう一度言っておこう。英語には，こういう大原則がある。

★**名詞を説明する長い語句は，名詞の後ろに置く。**

ジ：「長い」って，どのくらい？

い：2語以上だ。

ジ：ホントかよ？

い：ホントだよ！ たとえば新幹線に乗ると，こんなアナウンスが流れてくる。意味は，わかるな？

◎ This is the NOZOMI superexpress bound for Hakata.

ジ：「この列車は博多行きの『のぞみ』です」ってことでしょ？

い：そうだ。superexpress を説明する言葉（bound for Hakata）が，その後ろに置かれてるだろ。次の例も同じだ。

- a big egg（大きな卵）
- an egg bigger than a rugby ball
  （ラグビーボールよりも大きな卵）

ここで，問題だ。「安い本」は，英語で何と言う？

ジ：a cheap book でしょ。

い：じゃあ，「私がきのう買った本」は？

82

ジ：え〜と，I …

い：ブー。a book (that) I bought yesterday だ。1 語の cheap は book の前に置くが，2 語以上になると book の後ろに置いてあるだろ？

ジ：なるほど。

い：この形でも，前回の説明と同様に，〈〜 ing ＝〜している〉という（進行形の）意味を常に表すとは限らない。「〜する○○」の意味になることもある。

- a road leading [=that leads] to the park
  （公園に通じる道）
- foreign tourists coming [=who come] to Japan
  （日本に来る外国人観光客）

ジ：このへん，前の本でもやったよね。

い：しつこく説明する理由は，ここが英語を理解する上での大きなハードルだからだ。次の文を訳してみろ。

◎ The man driving the truck was drunk.

ジ：え〜と…その男は…

い：アウト！　正解は「トラックを運転していた男は酔っていた」だ。主部が長いパターンには要注意だ。

ジ：「その男はトラックを運転していて酔っていた」でもいいじゃん。意味，通じるし。

い：意味が通りゃいいってもんじゃない。文の構造をつかむことが大切だ。

第 2 日　不定詞・分詞・動名詞　83

point 32 感情を表す分詞形容詞

(a) The game was *exciting*.
(その試合はわくわくするものだった)
(b) We were *excited* at the game.
(私たちはその試合を見てわくわくした)

い：「面白い本」は，英語で何と言う？

ジ：an interesting book。

い：じゃあ「私はこの本に興味がある」は？

ジ：興味は，あんまない。ていうか，読むのめんどい。

い：答えろ！ だいたいおまえ，読む側じゃないだろ。

ジ：うっさいなー。I'm interested in this book. でしょ。

い：同じだ。

ジ：何がだよ！

い：excite と interest の関係がだ。動詞の interest は，「(人) の興味を引く」って意味だ。だから，This book interests me. で「この本は私の興味を引く」の意味になる。これを受動態にしたのが，I'm interested in this book. だ。つまり「私はこの本に興味を引かれている」が元の意味だ。

ジ：じゃあ，interesting は？

い：「人の興味を引くような→面白い」ってことだ。同類の「感情を表す動詞」を，いくつか上げておこう。

- *surprise*（(人) を驚かせる）

- ***excite*** ((人) をわくわくさせる)
- ***bore*** ((人) を退屈させる)
- ***disappoint*** ((人) を失望させる)
- ***satisfy*** ((人) を満足させる)

ジ：なんか，前の本にも出てきたと思うけど。

い：これらの動詞は，次のように使う。

- **現在分詞＝「人を〜させるような」**
- **過去分詞＝「(人が) 〜する」**

だから，「意外な [＝人を驚かせるような] ニュース」は surprising news だし，「退屈な [＝人を退屈させるような] 授業」は a boring lesson だ。

ジ：つまり，「〜 ing の後ろには『物』がくる」ってこと？

い：たとえば「退屈な人」は a boring person だから，必ずしもそうは言えない。でも，だいたい次のように覚えておいていいだろう。

★感情を表す動詞の現在分詞は「物」と，過去分詞は「人」と結びつく。

ジ：じゃあ，excite の場合は…

い：たとえば「わくわくする試合」は，「人を興奮させるような試合」だから，an exciting game と言う。「興奮した群衆」なら，excited crowd だ。日本語ではどちらも「エキサイトした試合 [群衆]」のように言うから，混同しないように気をつけよう。

Point 33 分詞構文①

> ***Hearing*** the news, she turned pale.
> (その知らせを聞いて,彼女は青ざめた)

い:オレ,分詞構文は好きじゃないんだよな。

ジ:教師がそういうこと言っていいの?

い:高校の授業で出てくる分詞構文には,こんなのが多い。

(a) When she heard the news, she turned pale.
(b) Hearing the news, she turned pale.
 (その知らせを聞いて,彼女は青ざめた)

「(a)を分詞構文で書き換えなさい」っていう問題の答えが,(b)なわけだ。

ジ:だから,分詞構文って,何?

い:たいていの分詞構文は,「分詞に接続詞の意味を含めた表現」だと言っていい。たとえば(b)は,Hearing という現在分詞に「聞いた<u>とき</u>」の意味が含まれている,と説明される。

ジ:なんで「聞いた<u>とき</u>」なの? 「聞いた<u>ので</u>」でも「聞いた<u>けれど</u>」でもいいでしょ。

い:そのとおり。(b)は「聞いたので」の意味に解釈される余地もある。だから意味を明確に伝えるためには,できるだけ(a)のように接続詞を使って表現する方がいい。

ジ:だったら,分詞構文なんか知らなくていいじゃん。

い：そうもいかない。分詞構文は，慣れれば便利だからだ。たとえば，「彼女は今どこにいるの？」という質問に対して，こんな答えをする場合がある。

　◎ She is in the kitchen, <u>baking a cake</u>.
　　（彼女は台所にいて，ケーキを焼いています）

話し手は，まず「彼女は台所にいる」という情報を伝えるわけだ。baking a cake は，その補足説明になる。これが，分詞構文の自然な使い方の例だ。

ジ：接続詞を使って言うと，どうなるの？

い：baking a cake は「ケーキを焼きながら」という状況説明だから，接続詞を使うと表現しづらい。逆に言うと，接続詞が使えるときはそうする方がいいし，この例のように<u>「～しながら」（付帯状況）の意味を表すときは分詞構文の方が便利だ</u>，ってことになる。

ジ：じゃあ，「分詞構文=～しながら」って考えていいの？

い：もちろん，そんなことはない。でも，文法書に出てくるような，ifやthoughの意味で使う分詞構文は邪道だ。たとえば，「左に曲がるとホテルがあります」は，下の２つのうちどっちが自然な表現だと思う？

　(c) <u>Turning</u> left, you'll find the hotel.
　(d) Turn left, <u>and</u> you'll find the hotel.

ジ：(c)は分詞構文でしょ？　(d)は…

い：〈命令文 , and ～〉の形は，「…しなさい，そうすれば～」の意味だ。日常会話では，まず(c)のようには言わない。(d)が自然な表現だ。(c)みたいな分詞構文は，学校で教える必要はないとオレは思うぞ。

point 34 分詞構文②

Seen from a plane, the islands look like jewels.
（機上から見ると，その島々は宝石のようだ）

い：これも，文法書には必ず出てくるタイプの文だ。

ジ：なんで，Seeing じゃなくて Seen なの？

い：接続詞を使って言い換えると，こうなるわけだ。
　◎ When they are seen from a plane, the islands look like jewels.
「それら（＝島々）が飛行機から見られるとき」という意味だから，過去分詞の seen を使う。

ジ：「飛行機から見るとき」と考えればいいじゃん。

い：誰が見るんだ？　Seeing from a plane だと，主語が誰だかわからないからダメだ。

ジ：じゃあ，Seen の主語は何なの？

い：文全体の主語 (the islands) が分詞の意味上の主語を兼ねるんだ。そこで，次の例を見てみよう。
(a) Being sick, I didn't go out.
　　（病気だったので，私は外出しなかった）
(b) Peke being sick, I didn't go out.
　　（ペケが病気だったので，私は外出しなかった）

ジ：ペケって？

い：うちの犬に決まってんだろ。

ジ：わかるか！

い：(a)の場合，Being sick は「私が病気だったので」と解釈する（＝ As I was sick）。(b)のように文全体の主語（I）と分詞の主語が違うときは，分詞の前にその主語を残す。これを，**独立分詞構文**と言う。

ジ：なんか，ややこしい。

い：くどいようだけど，(a)も(b)も日常会話ではまず出てこない。こんな形を頭に入れても，棚に飾っておく百科事典程度の価値しかない。

ジ：応接間の棚の百科事典は，価値あるんじゃないの。あたしは使ったことないけど。

い：だから，比喩の意味を理解しろよ。過去分詞を使った分詞構文で「自然な英語」と言えるのは，たとえばこんな文だ。

◎ <u>Shocked</u> by the news, I couldn't speak a word.
（その知らせに驚いて，私は言葉が出なかった）

◎ The woman came in, <u>followed</u> by her daughter.
（その女性は，娘を従えて入ってきた）

これらの例からもわかるように，分詞構文は「同時進行的な状況の説明」をする場合に使うのが基本だ。

ジ：じゃあ，独立分詞構文で自然な文は？

い：話し言葉ではまず使わない。英語を読む場合は，こんな形もあるので気をつけよう。

◎ <u>This</u> <u>agreed</u>, they wound up the meeting.
（この件に関して意見が一致したので，彼らは会議を終了した）

第2日　不定詞・分詞・動名詞　89

point 35 分詞を含む慣用表現

> He listened to music *with his eyes closed*.
> (彼は目を閉じて音楽を聞いた)

い：これは，よく使う言い方だ。

ジ：with は「〜といっしょに」でしょ？

い：いや，この with は「〜しながら」(付帯状況) の意味だ。この with を使うときは，次の点に気をつけよう。

★〈with +〜 ing〉という形はない！

上の文で，with 以下を with closing his eyes のように言う間違いを，よく見かける。

ジ：それ，どうしてダメなの？

い：〈with + O + C〉の形で「OがCである状態で」の意味を表すんだ。Cの位置には，いろんな要素を置ける。

- with one's mouth full (口に食べ物をほおばって)
- with tears in one's eyes (目に涙をためて)
- with one's legs crossed (足を組んで)
- with the engine running (エンジンをかけたままで)
- with the TV on (テレビをつけたままで)

ジ：with his eyes closed は，なんで closed なの？

い：「目が閉じられた状態で」だから，過去分詞を使う。分詞を使ったその他の重要表現を見ておこう。

◎ I'm *busy* cleaning [× to clean] my room now.

(今，部屋の掃除をするのに忙しい)

ジ：to clean を「掃除するために」と考えちゃダメなの？

い：だから間違えやすいんだ。次の3つは，まとめて覚えよう。

★ be busy ＋～ ing ＝ ～するのに忙しい
★ spend ＋時＋～ ing ＝ ～して（時）を過ごす
★ go ＋～ ing ＝ ～しに行く

◎ I'll spend next Sunday watching videos.
（次の日曜はビデオを見て過ごします）

◎ Let's go shopping at the department store.
（デパートへ買い物に行きましょう）

ジ：じゃあ「テニスをしに行く」は，go playing tennis なの？

い：いや，その場合は go to [and] play tennis だ。〈go ＋～ ing〉のパターンは，まとめて覚えておこう。

- go swimming in the sea （海へ泳ぎに行く）
- go camping at the mountain （山へキャンプに行く）
- go skiing in Hokkaido （北海道へスキーに行く）

ジ：「海へ泳ぎに行く」は，go swimming to the sea とは言わないの？

い：言わない。「海で泳ぎ (swimming in the sea)」＋「に行く (go)」と考えるんだ。go swimming / to the sea だと to the sea が go を修飾するから，swimming と the sea の関係が切れて，「泳ぎながら海へ行く」というヘンな意味になってしまう。

ジ：川を泳ぎながら海へ行けば，そういう言い方もあり？

い：どこの国の人だよ，おまえは。

第2日　不定詞・分詞・動名詞

point 36 動名詞の意味上の主語

I remember ***my father crying*** at the funeral.
（私は父がその葬式で泣いたのを覚えている）

い：〈remember ＋～ ing〉が「～したことを覚えている」の意味になることは，前に説明したよな？

ジ：でも上の文は，my father が間にはさまってるけど。

い：my father は，crying（動名詞）の意味上の主語だ。

ジ：「意味上の主語」って，不定詞の話じゃなかった？

い：泣いたのは，父親だろ？ つまり，cry の主語は my father だ。だけど「文全体の主語」は I だから，それと区別するために「意味上の主語」を使う。

★ **動名詞の「意味上の主語」は，その直前に置く。**

ジ：じゃあ，「父」じゃなくて「彼」だったら，I remember he crying at the funeral. でいいの？

い：いや，動名詞の意味上の主語は，所有格または目的格で表すんだ。だから，正しくはこうなる。

◎ I remember his [him] crying at the funeral.

最初の文の my father も，目的格だ。所有格（my father's crying）を使ってもいい。

ジ：my father crying at the funeral は「葬式で泣いた私の父」みたいには解釈できないの？

い：この場合はムリだな。だけど，次のような例はある。

◎ I dislike people using mobile phones in trains.

この文は，次のどちらの意味にも解釈できる。

① 私は人々が列車内で携帯電話を使うのがいやだ。
② 私は列車内で携帯電話を使う人々が嫌いだ。

①は「people = using（動名詞）の意味上の主語」という解釈で，②は「using（現在分詞）が people を修飾する」という解釈だ。

ジ：どっちでも，意味は同じじゃん。

い：そうだな。それより，次の形を覚えておこう。

(a) ***Would you mind** turn**ing** on the TV?*
　　（テレビをつけていただけますか）

(b) ***Would you mind** **my** turn**ing** on the TV?*
　　（テレビをつけてもかまいませんか）

mind は「気にする，いやがる」の意味の動詞だ。(a)は「あなたはテレビをつけるがいやですか」で，turning の意味上の主語は，文の主語（you）と同じだ。一方(b)は「あなたは私がテレビをつけるのがいやですか」の意味で，my が turning の意味上の主語になる。

ジ：丸暗記する方が早そう。

い：返答のしかたにも気をつけよう。「いいですよ」と答えたいときは，No, not at all. とか，Certainly not. のように，否定の形で言うのが原則だ。

ジ：なんで？

い：「私は mind しない [かまわない]」という意味にする必要があるからだ。ただし実際の会話では，Sure. とか OK. のような答え方もするけどな。

第2日　不定詞・分詞・動名詞　93

point 37 前置詞＋動名詞

I'm looking forward ***to hearing*** from you.
（あなたからの便りを楽しみに待っています）

い：まず，基本的なところから復習しよう。前置詞の後ろには，名詞を置く。
◎ I'm good at karaoke.
（私はカラオケが得意です）
下線部の位置に動詞を置きたいときは，動名詞（〜 ing）にする。不定詞は使えない。
◎ I'm good at proofreading [× to proofread].
（私は校正が得意です）

ジ：もうちょっと，高校生向きの例文にしてよ。

い：そこで，最初に挙げた例のような場合は間違えやすい。

ジ：to hearing って，何かヘンじゃない？

い：〈look forward to〉は「〜を楽しみに待つ」の意味で，この to は前置詞だ。たとえば「旅行を楽しみに待つ」なら look forward to the trip と言える。だから，下線部に動詞を置きたいときは，動名詞にする。前置詞の to は不定詞と混同しやすいから，このパターンには要注意だ。同じような例を挙げておこう。
◎ ***What do you say to*** go***ing*** for a drive?
［＝ How about going for a drive?］

（ドライブに行くのはどうですか）
◎ I don't **object to** your smok**ing** here.
　　（ここでたばこをおすいになるのはかまいません）
◎ He is **devoted to** mak**ing** up the plastic model.
　　（彼はプラモデルを組み立てるのに没頭している）
◎ **When it comes to** sing**ing**, she is second to none.
　　（歌うことになると，彼女は誰にも負けない）
◎ I'**m used to** sitt**ing** up all night.
　　（私は徹夜するのに慣れている）【→ point51】

ジ： このへんの説明，大学受験の参考書みたい。
い： 大学入試だけじゃなくて，英検やTOEIC®の文法問題にも出るぞ。

第2日　不定詞・分詞・動名詞　95

Point 38 動名詞を使った句と節の言い換え

> I'm sure *that he will accept* the offer.
> → I'm sure *of his accepting* the offer.
> （彼はきっとその申し出を受け入れるだろう）

い： まず，sure 型の形容詞の使い方を説明しておこう。

(a) I'm sure that he will come.
（彼はきっと来るだろう）

(b) I'm sure of your success.
（私は君の成功を確信している）

sure（確信して）は，〈**be sure ＋ that 節**〉または〈**be sure ＋ of ＋名詞（句）**〉の形をとることができる。そこで，(a)の文を，(b)のように of を使った形に言い換えるとどうなるか？

ジ： I'm sure of の後ろに「彼が来ること」って意味の言葉を入れればいいわけね。

い： そうだ。しかし，succeed（成功する）には success（成功）という名詞形があるが，come には名詞形がない。だから，coming（動名詞）を使うことになる。

(a) → I'm sure of his [him] coming.

同じように，動詞にも「that 節を動名詞で言い換える」ことのできるものがある。

◎ I remember (that) I saw him somewhere.

→ I remember <u>seeing</u> him somewhere.
　（彼にどこかで会ったことを覚えている）

　remember, **regret**（後悔する），**admit**（認める），**deny**（否認する）などが，このタイプだ。

ジ：この場合は，of はつかないの？

い：of がつく場合とつかない場合がある。sure のように〈that 節 → of ＋(動)名詞〉と言い換える語をまとめてみよう。

形容詞	***sure/certain***（確信して），***proud***（誇りに思って）***aware/conscious***（気づいて），***afraid***（恐れて），***ashamed***（恥じて）
動詞	***boast***（自慢する），***repent***（後悔する）
名詞	***chance/possibility/hope***（見込み）***doubt***（疑い），***news***（知らせ），***fact***（事実）

ジ：こんなにいっぱい，どうやって覚えるのよ？

い：名詞については，同格の that 節を続けることのできるものがこれに当たる【→ point74】。数は少ないが，of 以外の前置詞を使うものもある。

　◎ He <u>insisted</u> <u>that</u> I should apologize.
　　→ He ***insisted on*** my apologizing.
　　（私がわびるべきだと彼は言い張った）

　◎ I'm <u>sorry</u> I'm unable to join the party.
　　→ I'm ***sorry for*** being unable to join the party.
　　（パーティーに参加できなくて申し訳ありません）

第2日　不定詞・分詞・動名詞　97

point 39 準動詞の共通点①

(a) I don't want **to be criticized** by others.
(私は他人に批判されたくない)
(b) I remember **being praised** by the teacher.
(私はその先生にほめられたのを覚えている)

い：不定詞・分詞・動名詞の3つを，まとめて「準動詞」と言う。

ジ：なんで，まとめる必要があるの？

い：共通点があるからだ。まず，基本的な働きはこうだ。

	不定詞	分詞	動名詞
名詞的	○	—	○
形容詞的	○	○	—
副詞的	○	○	—

ジ：不定詞には3用法があるってわかるけど，分詞と動名詞は？

い：動名詞は，名詞の働きをする。たとえばsingingは「歌うこと」だ。分詞は，a singing girl のように形容詞の働きをする場合もあるし，分詞構文のときは副詞の働きをする。これらをまとめて「〜 ing の3用法」と言う人もいる。

ジ：「動詞的」っていうのは，ないの？

い：「動詞の形を変えて，名詞・形容詞・副詞の働きをさせるもの」を，準動詞って言うんだよ！　たとえばA girl

98

singing ... で始まる文があるとき，この singing は動詞じゃなくて「…歌っている女の子」の意味になることがわかるわけだ。

ジ： はあ。

い： 最初に挙げた2つの文には，次の形が出てくる。

★受動態の不定詞 = to be ＋過去分詞
★受動態の動名詞 = being ＋過去分詞

これはセットで覚えておこう。

ジ：「受動態の分詞」はないの？

い： それは過去分詞！

ジ： あ，そうか。

い： 前にも出したが，次の点は準動詞の共通点の1つだ。

★準動詞の意味上の主語は，その直前に置く。

◎ It would be better for us to wait.（不定詞）
（私たちは待つ方がよさそうだ）

◎ I dislike women smoking.（動名詞）
（私は女性がたばこをすうのは嫌いだ）

◎ The other people were talking, Mr. Tanaka being silent all the time.（分詞：独立分詞構文）
（他の人々は語っていたが，田中氏はずっと黙っていた）

次回も引き続き，準動詞の共通点を見ていこう。

point 40 準動詞の共通点②

The doctor told me ***not to drink***.
（酒を飲まないようにと医者は私に言った）

い：次の点も，準動詞の共通点の１つだ。

★**準動詞を否定するとき，not はその直前に置く。**

- tell + O + to *do* = O に~するように言う
- tell + O + ***not*** to *do* = O に~しないように言う

ジ：not は，この位置でないとダメなの？

い：次の２つの文を比べてみよう。

(a) He didn't tell me to come.
（彼は私に来いとは言わなかった）

(b) He told me not to come.
（彼は私に来るなと言った）

な？　意味が全然違うだろ？

ジ：そうかな？

い：当たり前だ！　(a)は「言わなかった」で，(b)は「言った」んだから。

ジ：あ，そうか。

い：動名詞や分詞を否定するときも，同じだ。

◎ I'm sorry for ***not*** answering.
（返事を出さないですみません）〈not +動名詞〉

◎ ***Not*** knowing her phone number, I couldn't call her.

（電話番号を知らなかったので，彼女に電話できなかった）〈not ＋分詞〉

ジ：下の文は，分詞構文よね。

い：これも例として出しただけで，接続詞を使うのが普通だ。準動詞の共通点を，もう１つ挙げておこう。不定詞と同じように，動名詞や分詞も**完了形**で使える。

(a) I'm sorry <u>to have kept</u> you waiting so long.
　　（大変長らくお待たせしてすみません）

(b) She regretted <u>having refused</u> his proposal.
　　（彼女は彼のプロポーズを拒んだことを後悔した）

(c) <u>Having read</u> the paper, I know about it.
　　（新聞を読んだので，そのことは知っています）

順に，完了形の不定詞・動名詞・分詞だ。たとえば(a)では，「待たせた」のは「すまなく思っている（I'm sorry）」よりも前の時点だから，完了形を使う。(b)も同じで，「拒んだ」のは「後悔している」時点よりも前のことだ。(c)は分詞構文だが，日常会話ではあまり使わない。

◎ I regret <u>your</u> <u>not</u> <u>having attended</u> the meeting.
　　（君が会合に出席しなかったのは残念だ）

この文は，regret の後ろに「意味上の主語（your）＋ not ＋完了動名詞（having attended）」が置かれた形だ。

ジ：ややこしすぎ！

い：確かに，上の文は that 節を使って表す方が簡単だな。

◎ I regret that you didn't attend the meeting.

ジ：最初からそうしろっての！

練習問題 第2日

A カッコ内に入る適当な語句を1つ選んでください。

(1) It was careless (　) you to forget the room key.
　① for　② to　③ of　④ with

(2) I remember (　) first prize in the lottery.
　① you to win　② your winning
　③ to winning you　④ for you to win

(3) The wedding ceremony is (　) next Sunday.
　① to hold　② holding　③ hold　④ to be held

(4) I'm sure of your sister (　) well soon.
　① gets　② getting　③ to get　④ will get

(5) The Prime Minister came into the press room, (　) by journalists.
　① following　② to follow
　③ followed　④ to be following

B カッコ内の動詞を，適当な形に直してください。

(1) Don't forget (meet) him at the airport tomorrow.

(2) I'm looking forward to (see) you again.

(3) I'm worrying about the (increase) expenses.

(4) The company is likely (go) bankrupt.

(5) I don't want to attend the (bore) meeting.

(6) (Compare) with yours, his report is not so good.
(7) His explanation is too complicated (understand).

C カッコ内の語を適当に並べ換えてください。

(1) This is a [see, children, to, program, for, good].
（これは子供が見るのにはよい番組です）
(2) Is [the, this, to, leading, way] the post office?
（これは郵便局へ行く道ですか）
(3) This photo is [into, to, enough, go, small] the frame.
（この写真はその額縁に入る大きさだ）
(4) How [check, it, you, long, take, did, to] the data?
（そのデータを調べるのにどれくらい時間がかかりましたか）
(5) This [repair, hard, watch, is, to].
（この時計は修理しにくい）

D 英訳を完成してください。

(1) 彼は奥さんと離婚したそうだ。
He _____ divorced his wife.
(2) たばこをすいすぎないようにと医者は私に言った。
The doctor told _____ .
(3) 彼は腕組みをして黙ったままだった。
He remained silent _____ .

正解と解説

A

(1) ③ (2) ② (3) ④ (4) ② (5) ③

(1)「ルームキーを忘れてくるとは君は不注意だった」
 It is 性格形容詞 of ＋人 to *do* ＝～するとは（人）は～だ
(2)「君が宝くじで１等を取ったのを覚えているよ」
 〈remember ＋～ ing〉（～したのを覚えている）の～ ing の前に意味上の主語をつけた形。
(3)「結婚式は今度の日曜日に行われる予定です」
 〈be ＋ to 不定詞〉が「予定」を表す例。
(4)「妹さんはきっとすぐに元気になりますよ」
 〈前置詞（of）＋意味上の主語＋動名詞〉の形。
(5)「首相は新聞記者たちを従えてプレスルームに入ってきた」
 付帯状況を表す分詞構文。「～に従われて」が直訳。

B

(1) to meet (2) seeing (3) increasing (4) to go (5) boring
(6) Compared (7) to understand

(1)「明日忘れずに彼を空港へ迎えに行きなさい」
(2)「あなたにまた会えるのを楽しみにしています」
(3)「増えつつある出費を心配している」

(4)「その会社は倒産しそうだ」
(5)「その退屈な会議には出席したくない」
(6)「君のに比べると彼の報告はあまりよくない」
(7)「彼の説明は複雑すぎて理解できない」

C

(1) good program for children to see (2) this the way leading to
(3) small enough to go into (4) long did it take you to check
(5) watch is hard to repair

---

(1) 不定詞の前に意味上の主語（for children）を置く形。
(2) leading は直前の way を修飾する現在分詞。
(3) 形容詞・副詞＋ enough to *do* ＝～するのに十分…
(4) It takes (人) 時間 to *do* ＝ (人が）～するのに…（時間）かかる
(5) It is hard to repair this watch. と言い換えられる。

D

(1) is said to have (2) me not to smoke too much (3) with his arms folded

---

(1) S is said to have ＋過去分詞＝Ｓは～した[だった]そうだ
(2) tell ＋人＋ not to *do* ＝ (人) に～しないように言う
(3) with one's arms folded ＝腕組みをして

第3日

時制・助動詞・受動態・仮定法

point 41 未来を表すさまざまな形

I *'m going* on a business trip to Osaka next week.
(私は来週大阪へ出張します)

い：まず,問題だ。下の3つの文のうち,「私は明日出発します」の英訳として正しいのは?
　(a) I leave tomorrow.
　(b) I'll leave tomorrow.
　(c) I'm leaving tomorrow.

ジ：そりゃ,(b)でしょ。未来のことだから。

い：いや,正解は「3つとも正しい」だ。

ジ：何よ,それー! ヒキョーじゃん。

い：(a)と(c)は,それぞれ次のルールによって正解になる。

★ **現在形は,確定した(未来の)予定を表す。**

★ **現在進行形は,近い未来の予定を表す。**

特に,「往来発着」を表す動詞(*go, come, start, leave, arrive* など)では,この形がよく使われるんだ。

◎ The game *starts* at six.
　(試合は6時に始まります)

will start でも正しいが,試合が6時に始まることは決まっているから,現在形も使える。同じ理由で,次のような文も正しいことになる。

◎ We eat out this evening.

108

(わが家は今晩は外食だ)〈確定した予定〉
◎ **I'm being** transferred to Sapporo.
(私は札幌に転勤になります)〈近い未来の予定〉

ジ： じゃあ、「私は将来医者と結婚します」は，I marry a doctor in the future. でいいの？

い： それはただの願望だろ！　現在形は「確定した未来」にしか使えない。I wish I could marry a doctor in the future. (私は将来医者と結婚できたらいいのに（でもたぶんムリだろう））と言うべきだ。

ジ： あー，ひでー！

い： 東海道新幹線では，こんなアナウンスが流れてくる。
We***'ll be stopping*** at Shinagawa, Shin-Yokohama, ... and Kokura stations before arriving at Hakata terminal.
(この列車は，終点博多まで品川・新横浜…小倉の各駅に停車します)
この進行形は，表現をやわらげるために使われている。

ジ： 進行形に，そんな意味あるの？

い： 次の例もそうだ。
◎ I was wondering if you could help me.
(ちょっと手を貸していただければと思っていたのですが)
「(今) 手を貸してほしい」と言いたいところを，進行形を使って（まだ気持ちが確定していないという）控えめな態度を表し，さらに過去形にすることでいっそう遠慮した言い方になっている。【→ point48】

point 42 時・条件の節中で未来を表す現在形

I'll start before it ***gets*** dark.
（暗くならないうちに出発します）

い：時や条件を表す副詞節中では，現在形で未来を代用する。

ジ：いきなり，何言ってんの？

い：英文法では，あまりにも有名なルールの1つだ。学校で聞いたことあるだろ？

ジ：そんな昔のことは，覚えてないね。

い：おまえ，高校生って設定だろ！

ジ：だいいち「副詞節」って何よ？

い：その言葉は，あまり気にしなくていい。要するに，「時を表す接続詞（***when***, ***before***, ***after***, ***till***, ***as soon as*** など）や ***if***（もしも～ならば）の後ろでは，***will*** を使っちゃいかん」ってことだ。

ジ：だから，なんで？

い：if の場合で考えてみよう。

◎ I won't go fishing if it ***rains*** [× will rain] tomorrow.
　（もし明日雨が降ったら，釣りには行きません）

it will rain tomorrow と言えば，この部分は「明日雨が降るだろう」の意味になってしまう。でも，話し手は単に「もし雨が降ったら」と仮定しているだけであって，「降りそうだ」と思ってるわけじゃない。こうした，いわば

110

「想像の世界」のことは，時間の流れとは関係ない。だから昔の英語では，if の節中では「動詞の原形」を使っていた。それが今では，現在形を使うようになったってわけだ。

ジ： とにかく if の後では will はダメ，ってことね。

い： いや，それはちょっと違う。

ジ： どっちだよ！

い： *if* と *when* だけは，注意が必要だ。まず，if には「〜かどうか（= whether）」の意味もある。これは「条件」じゃないから，このルールは適用されない。

◎ I don't know <u>if</u> [whether] he ***will come***.
（彼が来る<u>かどうか</u>私は知らない）

ジ： じゃあ，when は？

い： 上のルールは接続詞の話だから，疑問詞の when（いつ）は対象外だ。

◎ I don't know when he ***will come***.
（彼が<u>いつ</u>来るか私は知らない）

ジ： じゃあ，これを when he <u>comes</u> にしたらアウト？

い： いや，この場合はセーフ。

ジ： どうなってんのよ！

い： I don't know when he <u>comes</u>. は，正しい英語だ。【point41】で説明したように，現在形が「確定した予定」を表すと考えればいい。でも原則としては，〈when ＝いつ〉の意味のときは，未来を表すには will を使う。

◎ Nobody can tell <u>when</u> an earthquake <u>will occur</u>.
（地震がいつ起きるかは誰にもわからない）

point 43 完了進行形

I **'ve been studying** programming for six months.
(私はプログラミングを6か月勉強しています)

い：現在完了（have[has] ＋過去分詞）は，覚えてるな？　たとえばこんな形だ。
　　◎ I've lost my job.（私は失業した）
ジ：これ，I lost my job. とどう違うの？
い：前の本でも説明したが，もう1回復習しておこう。I lost my job. は「過去のどこかの時点で失業した」という意味だ。本人が今どうしているか，この文からはわからない。一方，I've lost my job. と言えば，「職を失った」という事実の影響が現在まで続いている，つまり「今も失業中で困っている」といった意味を表す。
ジ：最初の文は，ちょっと形が違うけど。
い：〈have[has] ＋ been ＋～ ing〉の形を「現在完了進行形」と言う。この形は，**「過去から今までずっと～し続けている」という意味を表す**んだ。
ジ：その形って，絶対使わないとダメなの？
い：次の2つの文を比べてみよう。
　　(a) I **'ve studied** programming for six months.
　　(b) I **'ve been studying** programming for six months.
　　(a)も(b)も「私はプログラミングを6か月勉強していま

す」の意味を表すことができる。

ジ：じゃあ、(a)を使えばいいじゃん。

い：ところがどっこい。(a)の現在完了形は、「勉強したところだ」（完了）や「勉強したことがある」（経験）の意味にも解釈できる。しかし(b)は「勉強し続けている」（継続）の意味しか表さない。だから、(b)を使う方が誤解がなくなるわけだ。

ジ：ふーん。じゃあ、「今までずっと～している」っていうときは、いつでも現在完了進行形を使えばいいのね。

い：いいや、それは間違い。

ジ：だから、ちゃんと説明しろよ！

い：こういう場合がある。

◎ I have known Taro since he was a child.
（私は太郎が子供の頃から彼を知っている）

これは「今までずっと知っている」の意味だけど、下線の部分を have been knowing とは言えない。

ジ：なんで？

い：know は、進行形にできない動詞だからだ。「私は太郎を知っている」を I am knowing Taro. とは言わない。進行形にできない動詞は、現在完了進行形にもできない。当然だな。【→ point4】

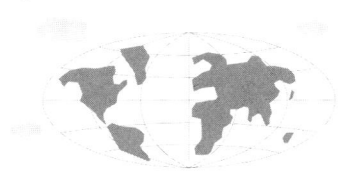

point 44 過去完了形

He ***had worked*** for the company for 30 years before he retired last year.
（彼は昨年退職するまで30年間その会社に勤めていた）

い： 過去完了形は、「<u>過去のある時点に至るまでの期間</u>」を指す。次の図で考えてみよう。

```
                 過去            現在
─────────────────▲─────────────────▶
                 A
```

Aが、「昨年彼が退職した時点」だ。had worked は、灰色の部分を指している。過去完了形を含む文の中には、その基準となる「過去のある時点」が示されているのが普通だ。
なお、この例は「継続」（Aの時点までずっと勤めていた）を表すので、【point43】の現在完了進行形と同じように、had worked を ***had been working*** とも言える。これが「過去完了進行形」だ。

ジ： でも、単に worked でもいいような気がするけど。

い： なぜ？

ジ： だって、「昨年退職する<u>前に</u>」って言ったら、どう考えても、勤めてたのはそれより前の話じゃん。いちいち複雑な形にしなくていいでしょ。

114

い：おまえ，するどい！

ジ：いや，するどいのは作者ですが。

い：そのネタは前の本でもやったぞ。

ジ：大丈夫，前の本なんか，誰も買ってないって。

い：うるさい。でも，キミの言うことは正しい。最初の文は before によって時間の前後関係が明らかだから，had worked の代わりに過去形の worked も使える。でも接続詞が before でなく when（彼が昨年退職した<u>とき</u>）だったら，「それ以前に勤めていた」の意味にするために，必ず had worked と言わなきゃならない。

ジ：1つじゃわかんないから，ほかの例も出してよ。

い：では，過去完了形が「完了」「経験」の意味を表す例を1つずつ出しておこう。

◎ When I arrived, the meeting ***had*** already ***begun***.
（私が着いたとき，会合は既に始まっていた）

◎ I knew the man's name, for I ***had met*** him before.
（私はその人の名前を知っていた，というのは以前会ったことがあるので）

ジ：学校で「大過去」とかいうのも習ったけど。

い：大過去とは，こんな形を言う。

◎ He said, "I <u>missed</u> the last train."
→ He <u>said</u> that he ***had missed*** the last train.
（最終列車に乗り遅れた，と彼は言った）

乗り遅れたのは「言った」よりも前のことだ。つまり，「過去の過去」を表す〈had ＋過去分詞〉を，大過去と言う。

45 未来完了形

Ten years from now you **'ll have forgotten** me.
（10年後にはあなたは私のことを忘れているでしょう）

い：現在完了形と過去完了形があるなら，当然「未来完了形」もある。イメージは，こんな感じだ。

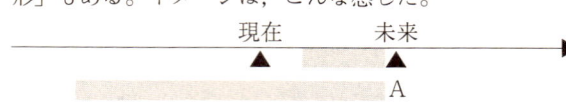

```
              現在        未来
  ────────────▲─────────▲──────────▶
                        A
```

過去完了形と同じように，未来の時点Aを設定する。上の例文だと，「10年後」がAだ。この時点までにおける完了・継続・経験などを表すのが，未来完了形だ。

ジ：上の図で，灰色の線が2本あるのは？

い：「未来のある時点に至る期間」のスタートラインは，現在よりも前でも後でもかまわない。

◎ I **'ll have studied** English conversation for one year next month.

（来月で英会話を1年間勉強したことになります）

この例では「来月」が基準になっている。動作の継続を表しているので，太字の部分は will have been studying （未来完了進行形）も理屈の上では使えるが，形が複雑なので実際はあまり使わない。

ジ：最初の文は，これじゃダメなの？

◎ Ten years from now you'**ll forget** me.
い：それだと，「ちょうど10年たった時に私のことを忘れる（それまでは覚えている）」というヘンな意味になる。未来完了形が「経験」を表す例も出しておこう。
　　◎ I'**ll have taken** the TOEIC® test ten times if I take it again.
　　（もう1回 TOEIC®テストを受ければ，10回受けたことになります）
　　太字の部分を正確に訳せば，「受けたことがあることになる」だ。
ジ：で，実際に未来完了形って，よく使うの？
い：完了・継続・経験のうち，最も多いのは「完了」を表す場合だ。ただ，次の例には注意しよう。
　　◎ Will you lend me the video when you'**ve finished**?
　　（ビデオを見終えたら貸してもらえますか）
　　相手はまだビデオを見ていなくて，「見終えてしまったら」は未来のことだから，太字の部分は本来，未来完了形を使うべきだ。しかし，when 以下は「時を表す副詞節」だから，will は使えない。つまり太字部分の現在完了形は，未来完了形の代わりに使われていることになる。

★時や条件を表す節中では，未来完了形の代わりに現在完了形を使う。

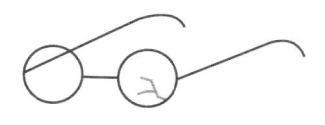

point 46 時制の一致

> She *said* she *wanted* to become an actress.
> (女優になりたい，と彼女は言った)

い：この wanted のようなケースを，「時制の一致」と言う。上の文は，こう言い換えられる。

◎ She said, "I want to become an actress."

彼女が実際に言った言葉は I want だが，引用符（" "）を外すと，**「今の時点で話し手の視点から」**表現することになる。I は，この文の話し手から見れば she のことだ。また want は，「(彼女の発言の時点で) 彼女が望んでいた」ということだから，wanted になる。下の(b)の文の太字部分も，時制の一致の例だ。

(a) I expect that the project will be successful.
  (そのプロジェクトは成功すると私は思う)
(b) I expected that the project *would* be successful.
  (そのプロジェクトは成功すると私は思った)

ジ：そのへんは学校で習ったけど。

い：じゃ，次の例を見てみよう。

◎ He said, "I worked for Toyota."
  → He said that he *had worked* for Toyota.
   (((以前) トヨタに勤めていた，と彼は言った)

下の文が had worked になる理由は，わかるな？

ジ：そうね。もし worked だったら，「今トヨタに勤めている，と彼は言った」の意味に誤解されちゃうもんね。

い：そこで，次の例だ。

◎ He said, "I lived in Osaka when a child."

→ He said that he **_(had) lived_** in Osaka when a child.

（子供の頃に大阪に住んでいた，と彼は言った）

この場合は，had lived と lived の両方が可能だ。「子供の頃」という言葉から，「住んでいた」のが「言った」時点よりも前のことだと判断できるからだ。

ジ：もし when a child がなかったら，had lived にしなきゃならない，ってことね。

い：そのとおり。ところで，「時制の一致の例外」というルールを，学校で習ったか？

ジ：歴史的事実などは時制の一致を受けない，ってやつ？

い：これについて，次の文を見てみよう。

◎ He said, "My birthday is March 10."

→ He said his birthday **_was_** March 10.

（誕生日は3月10日です，と彼は言った）

ジ：これ，学校で習ったのと違う。誕生日は一生変わらないから，was は is になるんじゃないの？

い：もちろん is でも間違いじゃない。でもこういう場合は，said の時制に機械的に一致させて過去形を使うことも多い。「不変の事実」かどうかをいちいち判断して現在形と過去形を使い分けるのは，面倒だろ？

ジ：そうね。その方が楽でいいや。

第3日　時制・助動詞・受動態・仮定法　119

point 47 助動詞の過去形

The rumor *might* be true.
（そのうわさは本当かもしれない）

い：主な助動詞の過去形をまとめてみよう。

現在形	will	shall	can	may	must
過去形	would	should	could	might	—

ジ：must の過去形は？

い：ない。「～しなければならなかった」は，had to だ。ところで，下の段の４つのうちで，主に「過去」を表すのはどれだ？

ジ：え？　だって「過去形」なんだから，全部過去を表すんじゃないの？

い：そこが落とし穴。たとえば最初の例文は may（～かもしれない）の過去形 might を使っているが，「そのうわさは本当かもしれなかった」の意味じゃない。might は may を控えめにした言い方で，may とほとんど同じ意味だと思っていい。

ジ：でも，could は「できた」の意味でしょ？

い：そうでもない。たとえば，次の文を訳してみよう。

(a) He <u>could</u> pass the test.
(b) He <u>would</u> change his job.

ジ：(a)は「彼はテストに合格できた」でいいじゃん。

120

い：いや，その場合は He <u>was able to</u> pass the test. と言う。(a)は「（まじめに勉強すれば）彼はテストに合格できるだろう（に）」のような意味に解釈するのが普通だ。

ジ：can ＝ be able to，じゃないの？

い：He <u>could</u> speak English. は「彼は英語を話せた」の意味だ。**でも，1回限りの行為が「できた（成功した）」の意味では，could は使わない。**

ジ：そんなの，初耳だけど。

い：高校の授業ではあまり出てこないけど，辞書には必ず書いてある。じゃあ，(b)はどうだ？

ジ：will は「〜するつもりだ」でしょ？　だから(b)は，「彼は転職するつもりだった」の意味じゃないの？

い：それも間違い。He said he <u>would</u> change his job. なら，「転職するつもりだ，と彼は言った」の意味になる。これは，will が時制の一致で would になったものだ。しかし単独で使った would には，「〜するつもりだった」の意味はない（その意味なら He <u>was going to</u> change his job. と言う）。

ジ：じゃあ，(b)はどんな意味？

い：would を推量または仮定法の意味に解釈して，「（もし別の仕事が見つかれば）彼は転職するだろう」のように解釈するのが普通だ。要するに，現在の話をしているわけだ。should も，「〜すべきだ」が一番普通の意味だろ？結局，こんなまとめ方ができるわけだ。

★助動詞の過去形は，「過去」よりも「現在」のことを表す場合が多い。

第3日　時制・助動詞・受動態・仮定法

point 48 基本的な助動詞のまとめ

> ***Would*** you please pass me the salt?
> （塩を取っていただけますか）

い：さっき説明したとおり，この would は「過去」を表してるわけじゃない。will で言い換えられるからな。

ジ：「would の方が will よりていねいな言い方」って，学校で習ったけど。

い：そのとおりだけど，それはなぜだ？

ジ：なぜって，そう決まってるからでしょ。

い：ファミレスなんかで，「ご注文は○○でよろしかったでしょうか？」という言い方をよく聞くよな。

ジ：あたしも，バイトでそう言ってる。

い：「よろしいですか」でいいはずなのに，なぜわざわざ「よろしかったですか」と過去形にするんだ？

ジ：さあ…何となくその方が，ていねいそうだから？

い：つまり，「過去形にするとていねいに響く」という心理が働いているわけだ。英語も同じで，will を would にするとていねいな言い方になる。

ジ：なぜ？

い：詳しいことは【point59】で説明する。ここで，基本的な助動詞の用法をもう一度確認しておこう。

助動詞	主な意味
will	① 〜だろう* ② 〜するつもりだ ③ [Will you 〜 ?] 〜してくれませんか* ④ 〜するものだ〈習性〉 ⑤ どうしても〜しようとする〈主語の意志〉
would	よく〜したものだ〈過去の習慣〉
shall	① [Shall I 〜 ?] 〜しましょうか ② [Shall we 〜 ?] 〜しましょう
should	① 〜すべきだ ② 〜するはずだ
can	① 〜できる* ② 〜してよい (=may) ③ [can't] 〜であるはずがない*
may	① 〜かもしれない* ② 〜してよい
must	① 〜にちがいない ② 〜せねばならない

(注) *は，過去形を使うと控えめな言い方になる。

ジ： よく知らない意味もまじってるけど。

い： 注意すべき用法をピックアップしておこう。

◎ Accidents will happen.〈習性〉
　（事故は起こりがちなものだ）

◎ He will have his own way.〈主語の意志〉
　（彼はどこまでも我を通そうとする）

◎ The door won't open.〈主語の意志の拡張〉
　（ドアがどうしても開かない）

◎ I would often swim in this river.〈過去の習慣〉
　（この川でよく泳いだものだ）

◎ He should arrive by noon.〈確実な期待〉
　（彼は正午までに着くはずだ）

point 49 助動詞＋have＋過去分詞

> He ***can't have told*** a lie.
> （彼がうそをついたはずがない）

い： まず，3つの助動詞の意味をまとめておこう。

must	may	can
～にちがいない	～かもしれない	～でありうる
～せねばならない	～してよい	～できる

上の段は「推量」，下の段はそれ以外の意味だ。

ジ：「推量」って，何？

い： 見りゃわかるだろ。「～だろう」とか「～かもしれない」とか，可能性を推し量るっていう意味だ。そして，推量の意味では，次のような形でも使う。

- **must ＋ have ＋過去分詞＝～したにちがいない**
- **may ＋ have ＋過去分詞＝～したかもしれない**
- **can't ＋ have ＋過去分詞＝～したはずがない**

may と can は過去形（might, couldn't）を使うと控えめな表現になるが，意味はほとんど同じだ。

ジ： can だけ，なんで否定の形なの？

い： 推量を表す can は，ふつう否定文や疑問文の形で使うんだ。たとえば，The rumor <u>can't be</u> true.（そのうわさは本当のはずがない）のように。

ジ： じゃあ，過去のことは can を過去形にして，The rumor

couldn't be true. って言えばいいじゃん。
- **い**：それだと can't を控えめな言い方にしただけで，現在の意味にしかならない。最初に挙げた He can't have told a lie. の場合，「はずがない」という推量は現在行っているから，can't でいい。「うそをついた」は過去のことだから，完了形を使うわけだ。
- **ジ**：なんで？ 過去形でいいじゃん。
- **い**：can't told とは言えないだろ？ 完了不定詞のところで説明したように【→ point25】，動詞の原形を置くべきところで「過去」を表したいときは，完了形を使うんだ。それから，次の形にも注意しよう。

- **should[ought to] ＋ have ＋過去分詞**
  ＝～すべきだったのに（実際はしなかった）

- **ジ**：「実際はしなかった」っていうのは，何？
- **い**：例を見てみよう。

  ◎ I should have left home earlier.
  （もっと早く家を出るべきだった）

  日本語から想像できるとおり，この形は「～しときゃよかったなあ」という後悔の気持ちを表す。

- **ジ**：じゃあ「こんなオヤジとコンビを組むんじゃなかった」を英語に直してみて。
- **い**：自分でやれ！

point 50 その他の助動詞①

> We *had better not* change our policy.
> (私たちは方針を変更しない方がいい)

い：助動詞を，頭に浮かぶだけ全部言ってみろ。

ジ：え〜と…，will, shall, can, may, must，あとは…，would とかの過去形かな。

い：そのほか高校で習う1語の助動詞は，**need** と **dare**（あえて〜する）くらいだ。

ジ：need って，動詞じゃないの？

い：need には，2通りの使い方がある。
  (a) You need to come.（君は来る必要がある）
  (b) You need not come.（君は来る必要はない）
  (a)の need は動詞で，(b)の need は助動詞だ。

ジ：なんで，そんなことがわかるのよ。

い：(a)は want to なんかと同じ形だ。(b)は，need が動詞なら You don't need to come. となるはずだろ？ need は肯定文では動詞として，否定文・疑問文では助動詞として使うのが普通だ。

ジ：(a)で，need to を1つの助動詞と考えちゃだめなの？

い：もちろん，そういう考え方もできる。(a)は You have to come. とも言い換えられて，この have to は助動詞だからな。ここで，2語以上から成る主な助動詞をまとめて出

しておこう。
- ***have (got) to*** = 〜しなければならない
- ***ought to*** = 〜すべきだ / 〜するはずだ
- ***used to*** = 〜するのが常だった / 以前は〜だった
- ***had better*** = 〜する方がよい
- ***would rather*** = むしろ〜したい

ジ：なんか，いっぱいあるんですが。

い：have to は，知ってるだろ？ ought to は should と同じ意味だと思っていい。あとの3つは，注意が必要だ。used to については次回に回して，まず had better を説明しよう。次の文，訳してみろ。

(a) You <u>had better</u> come tomorrow.
(b) You <u>should</u> come tomorrow.

ジ：(a)は「君は明日来る方がいい」で，(b)は「君は明日来るべきだ」でしょ？

い：じゃ，相手に対する強制の度合いは，どっちが強い？

ジ：そりゃ，(b)でしょ。「べきだ」って言ってるんだから。

い：それは違う。「君は明日来る方がいい」の英訳としてより普通なのは，(b)の方だ。(a)は，言い方にもよるが，「明日来ないとどうなっても知らないぞ」という脅迫的な意味に解釈されかねない。**You had better 〜 のように you を主語にした言い方は，避けた方がいい**。なお，「〜しない方がいい」は，最初の例文にあるように〈had better <u>not</u> ＋原形〉という形になる点にも気をつけよう。

第3日 時制・助動詞・受動態・仮定法　127

point 51 その他の助動詞②

There ***used to*** be a movie theater near here.
(この近くに以前映画館があった)

い：前回の続きで，まず would rather を説明しよう。

◎ I would rather stay at home (than go shopping).
((外出するよりもむしろ) 家にいたい気分だ)

〈**would rather A than B**〉の形で，「**B よりもむしろ A したい**」の意味だ。than B を省略することもできる。

ジ：比較級がないのに，than を使えるの？

い：rather が比較級の代わりをしていると思えばいい。最初に挙げた例文に出てくる used to については，次の2つの形の区別が大切だ。

① used to ＋動詞の原形＝〜するのが常だった / 以前は〜だった

◎ I used to like the singer very much.
(以前はその歌手が大好きだった(今は違う))

② be used to ＋〜 ing ＝〜するのに慣れている

◎ I'm not used to speaking in public.
(私は人前で話すのに慣れていない)

①の used to は助動詞だ。一方②は，〈be ＋ used(形容詞) ＋ to(前置詞)〉の形になっている。used は「慣れている (＝ accustomed)」の意味だ。to は前置詞だから，後ろに

動詞を置きたいときは動名詞（〜 ing）にする。
　　【→ point37】
　　「〜に慣れる」の意味は，〈get used to〉で表せる。
　　◎ George is getting used to Japanese food.
　　　（ジョージは和食に慣れてきている）
　　さらに第3のケースとして，動詞の use（使う）を使った，こんな形もある。
　　◎ This knife is used to cut cloth.
　　　（このナイフは布を切るのに使われる）
　　to cut は，「切るために」の意味の不定詞だ。

ジ：最初の例文の There used to ってとこが，ちょっとヘンな感じなんだけど。

い：There is の is の前に助動詞がつく形は，よく見られる。
　　◎ There will be another chance.
　　　（また別の機会があるだろう）
　　◎ There must be something wrong with this phone.
　　　（この電話はどこか故障しているにちがいない）
　　これらの形と同じで，There is が There used to be になったと思えばいい。

ジ：There was a movie theater near here. とは，どう違うの？

い：used to は「以前は〜だったが，今はそうではない」という意味を暗示する。次のような言い方も覚えておくといい。
　　◎ I don't like the comedian so much as I used to.
　　　（私は以前ほどそのコメディアンが好きではない）

第3日　時制・助動詞・受動態・仮定法　129

point 52 文型と受動態

The dog ***was named Shiro***.
（その犬はシロと名づけられた）

い： ここからは受動態の話だ。まず基本的な確認をしよう。
　① SV　② SVC　③ SVO　④ SVOO　⑤ SVOC
　この中で，受動態が作れるのはどれとどれだ？

ジ： えー，いきなりそんなこと言われても。

い： 受動態とは，**「O（目的語）をS（主語）に変える文」**だと思っていい。たとえば Tom loves Mary. を受動態にすると，Mary が O から S に変わって，Mary is loved by Tom. という文ができる。

ジ： じゃあ，O があれば受動態にできるわけね。

い： そうだ。逆に言うと，受動態の主語になれるのは O だけだ。結局，①〜⑤の中で受動態を作れるのは，③④⑤の3つということになる。まず，第4文型の受動態の例を見ておこう。

◎ <u>Tom</u> sent <u>Bill</u> <u>a long e-mail</u>.
　 S　　V　 O　　　O
　（トムはビルに長いメールを送った）
　→ <u>Bill</u> was sent a long e-mail by Tom.
　→ <u>A long e-mail</u> was sent to Bill by Tom.

能動態（SVOO）には O が2つあるから，どちらを主

130

語にした受動態も可能だ。

ジ：下の文で，to Bill になってるのは？

い：〈be ＋過去分詞〉の後に「人」を置くときは，口調の関係で to を入れることが多い。次は第5文型だ。

◎ <u>They</u> <u>named</u> <u>the dog</u> <u>Shiro</u>.
　　　S　　V　　　O　　　C

（彼らはその犬をシロと名づけた）

→ <u>The dog</u> was named Shiro (by them).

下の文が，最初に挙げた例文だ。O (the dog) を主語にした受動態は可能だが，C を主語にして，<u>Shiro was named the dog.</u> のように言うことはできない。

ジ：素朴な疑問だけど，ネイティブスピーカーは，こういう書き換えを使って文を作ってるわけじゃないよね。

い：当たり前だ。そもそも，能動態と受動態は意味が違う。<u>Tom</u> loves Mary. は「<u>トム</u>が誰を愛しているか」を伝える文であり，逆に <u>Mary</u> is loved by Tom. は「<u>メアリ</u>が誰に愛されているか」を伝えたいわけだ。

ジ：意味が違うのに，イコールとかで結んじゃダメじゃん。

い：「形が違えば意味も違う」というのが，言葉の基本だ。「金，返せよ」と「返せよ，金」とじゃ意味が違う。

ジ：一緒じゃん！

い：「金，返せよ」では，話し手は「金が戻ってくればそれでいい」と思っている。「返せよ，金」では，相手が金を返さない（不誠実である）ことに腹を立てている…とか何とか。まあ，そんな感じ？

ジ：ホントかよー？

第3日　時制・助動詞・受動態・仮定法　　131

point 53 群動詞の受動態

> I *was spoken to* by a Chinese woman.
> (私は中国人の女性に話しかけられた)

ジ：群動詞って，動詞の群れ？

い：気持ち悪いこと言うな。2語以上がまとまって1つの動詞と同じ働きをするものを，「群動詞」と言う。「動詞＋前置詞［副詞］」の形をとるものが多い。上の文にある speak to（～に話しかける）も，その1つだ。能動態との関係は，こうなる。

◎ A Chinese woman spoke to me.

◎ I was spoken to by a Chinese woman.

ジ：これ，to と by が並んでてもいいの？

い：両方とも省略はできないから，これでいい。もう1つ，例を出しておこう。

(a) She took good care of the children.
　　（彼女はその子供たちを十分に世話した）

take (good) care of は「～を（十分に）世話する」の意味の群動詞だ。(a)を受動態にすると，こうなる。

(b) The children were taken good care of by her.
　　（その子供たちは彼女に十分な世話をされた）

ジ：なるほど。

い：でも，話はこれで終わらない。(a)の took good care の部分は，〈V(took) + O(good care)〉の形とも解釈できる。そこで，good care を主語にした受動態もできるわけだ。

　(c) <u>Good care</u> <u>was taken of</u> the children by her.

ジ：じゃあ，こういうのもOKなの？

　(a) Many people <u>live in</u> Tokyo.

　　→(b) Tokyo <u>is lived in</u> by many people.

い：(b)は，なんて意味だ？

ジ：「東京は多くの人々によって住まれている」…かな？

い：それ，意味がヘンだろ？　(b)のような受動態は作れない。一般的に言えば，「動詞＋前置詞・副詞」が1つの<u>他動詞</u>として働くときに，受動態が可能だと思っていい。

◎ His classmates <u>laughed at</u> Takeshi.
　（級友たちはタケシを笑った）
　→ Takeshi <u>was laughed at</u> by his classmates.

◎ They <u>gave up</u> the boy for lost.
　（彼らはその少年を死んだものとあきらめた）
　→ The boy <u>was given up</u> for lost (by them).

point 54 時制と受動態

> The bridge *is being repaired*.
> (その橋は修理されているところです)

い：次の2つの文を，受動態にしてみよう。
  (a) Ben broke the world record.
  　（ベンは世界記録を破った）
  (b) Ben will break the world record.
  　（ベンは世界記録を破るだろう）

ジ：こんなの簡単っすよ。こうでしょ？
  (a) → The world record was broken by Ben.
  (b) → The world record will be broken by Ben.

い：正解。じゃ，次の文はどうだ？
  (c) Ben has broken the world record.
  　（ベンは世界記録を破った）

ジ：これ，日本語が(a)と同じじゃん。

い：(c)は「ベンが現在の世界記録保持者だ」という意味だが，(a)は必ずしもそうじゃない。ベンの記録は，その後他の誰かによって破られているかもしれない。

ジ：なんで？

い：それが現在完了形の意味だ。前にも説明しただろ【→point43】。(c)を受動態に直す場合，「完了形の受動態」を作ることになる。次ページのように考えればいい。

134

〈完了形〉		have ＋ 過去分詞
〈受動態〉	＋)	be 動詞 ＋ 過去分詞
〈完了形の受動態〉		have ＋ been ＋ 過去分詞

真ん中の形に注目しよう。「be 動詞＋過去分詞」，つまり been（be 動詞の過去分詞）を使う。

ジ：1行目と2行目が，ビミョーにずれてるのはなぜ？

い：気にするな。最初に挙げた文も，同じ理屈だ。能動態で表現すると，こうなる。

◎ They are repairing the bridge.

これを受動態にするわけだから，「進行形の受動態」を作ることになる。すなわち，こうだ。

〈進行形〉		be 動詞＋ 〜 ing
〈受動態〉	＋)	be 動詞 ＋ 過去分詞
〈進行形の受動態〉		be 動詞＋ being ＋ 過去分詞

だから「修理されつつある」は，〈be 動詞＋ being ＋ repaired〉の形で表すわけだ。次の例も同じだ。

◎ They are discussing the matter now.
　→ The matter is being discussed now.
　　（その問題は今議論されている）

ジ：じゃあ，She is eating lunch. を受動態にすると，Lunch is being eaten by her. かな？

い：文法的には正しいけど，意味がヘンだろ，それ！

第3日　時制・助動詞・受動態・仮定法　135

point 55 慣用的な受動態

> He *was* seriously *injured* in the accident.
> （彼はその事故で大けがをした）

い： 日本人が間違えやすい受動態の例として，I was disappointed.（私はがっかりした）のような，感情を表す表現が挙げられる【→ point32】。ここでは，その他の注意すべき受動態を取り上げてみよう。上の例で，「けがをする」は ***be injured [hurt, wounded]*** と言う。

ジ： なんで受動態なの？

い： 身体に対する害を表す表現には，受動態の形をとるものがかなりある。たとえば I'm tired. も，もともとは tire（疲れさせる）という動詞を受動態にしたものだ。そのほか，次のような受動態もある。

◎ I *was* nearly *drowned*.（おぼれそうになった）
◎ I *was [got] lost*.（道に迷った）
◎ I *was exhausted [worn out]*.（へとへとになった）
◎ He *was killed* in an accident.（彼は事故で死んだ）

ジ： 最後のは，誰かに殺されたんじゃないの？

い： いいや。An accident killed him. を受動態にしたものだ。He died in an accident. とも言うが，戦争や事故などの人災で死ぬときは be killed とも言う。さらに見ておこう。

◎ The train *was delayed*.（列車が遅れた）

136

◎ Banks ***are*** usually ***located*** downtown.
（銀行はふつう繁華街にある）

ジ：こんなの，全部暗記するの？

い：もちろん。別のパターンとして，次のタイプがある。

◎ Please ***be seated***.（どうぞお座りください）

seat oneself は「自分自身を座らせる→座る」の意味を表す。この型の動詞の例を挙げてみよう。

◎ ***Get dressed*** quickly.（急いで服を着なさい）

dress oneself は「自分に服を着せる→服を着る」。be [get] dressed の形で「服を着ている［着る］」の意味を表す。

◎ He ***was devoted*** [devoted himself] ***to*** his study.
（彼はその研究に専心した）

◎ I'***m convinced of*** his crime.
（私は彼が犯人だと確信している）

convince oneself of ～ は「～を自分に納得させる→～を確信している」。

ジ：過去分詞の後ろの前置詞が，by じゃないんだけど。

い：慣用表現として覚えた方が早い。例を追加しておこう。

◎ I ***was caught in*** a shower.（にわか雨にあった）

◎ The street ***is filled with*** cars.（道は車で一杯だ）

◎ The story ***is based on*** facts.
（その話は事実に基づく）

◎ He ***is absorbed in*** the video game.
（彼はテレビゲームに没頭している）

◎ We ***are faced with*** a serious problem.
（私たちは深刻な問題に直面している）

point 56 仮定法の基本

> If I *were* ten years younger, I'*d propose* to you.
> (もし私が10歳若ければ，君に求婚するのだが)

ジ：えー，やだ。心の準備が…

い：ただの例文に色ボケすんなよ。次の形で「現在の事実の反対」を表す言い方を，「仮定法過去」と言う。

★ **If S ＋ V(過去形), S would [could, might] ＋原形.**

if 節中の be 動詞は，主語が単数でも were を使うのが普通だ。上の例文の I'd は，I would のことだな。ちなみに上の文は，「残念ながら自分は若くないので，君に求婚できない」という意味を含んでいる。

ジ：現在のことを言うのに，過去形を使うのはなぜ？

い：日本語でも，「もし私が大金持ちだったら」とか言うじゃないか。それと同じだ。

ジ：同じだって言われても…

い：つまり仮定法というのは，現実の世界から離れて，空想の世界でものを考えるわけだ。その心理的な距離感が時間的な距離に転化されて，過去形を使うのだよ。

ジ：わざと難しく言ってるでしょ，あんた。

い：理屈を言うより，覚えた方が早いだろ。続いて，「過去の事実の反対」を表す形（仮定法過去完了）の基本形を見てみよう。

★ If S ＋ had ＋過去分詞 , S would [could, might] ＋ have ＋過去分詞 .

◎ If I had left a little earlier, I could have caught the train.
(もう少し早く出ていれば，列車に間に合ったのに)

ジ：この形，なかなか覚えられないんだけど。

い：〈would/could/might ＋ have ＋過去分詞〉の形が出てきたら，たいていは仮定法過去完了だと思っていい。

ジ：なんだ，じゃあ簡単だ。

い：ただし，仮定法過去完了と仮定法過去が混合したようなパターンには注意しよう。

◎ If I had left in the morning, I would be in Osaka now.
(午前中に出発していたら，今ごろ大阪にいるはずなのに)

この文では，前半は過去の事実の反対（実際には午前中に出なかった）を，後半は現在の事実の反対（実際には今大阪にはいない）を表すので，それぞれ仮定法過去完了と仮定法過去の形が使われている。

ジ：なんか，すごくややこしい。

い：なんてデジタルなリアクションだ！

point 57 仮定法を含む慣用表現

> *I wish* she *were* my sweetheart.
> （彼女がぼくの恋人ならいいのに）

ジ： この本，こんな例文ばっかじゃん。

い： 気にするな。次のように覚えておこう。

★ **I wish ＋仮定法過去 ＝ （今）〜ならいいのに**
★ **I wish ＋仮定法過去完了 ＝ （過去に）〜だったらよかったのに**

つまりこの言い方は，「事実とは反対の願望」を表すわけだ。仮定法過去完了の例も出しておこう。

(a) I wish I hadn't drunk so much.
（あんなに飲むんじゃなかった）

ジ： これ，こう言ってもいいの。

(b) I shouldn't have drunk so much.

い： (a)は願望を，(b)は後悔の気持ちを表すが，だいたい同じ意味だと思っていいだろう。【→ point49】
このほか，次の形も覚えておこう。

★ **as if ＋仮定法過去 ＝ まるで〜であるかのように**
★ **as if ＋仮定法過去完了 ＝ まるで〜であったかのように**

(c) He speaks English as if he were an American.
（彼はまるで米国人のように英語を話す）

(d) He speaks English <u>as if</u> he <u>had lived</u> in America.

　　（彼はまるで米国に住んでいたかのように英語を話す）

ジ：なんで，仮定法を使うの？

い：「まるで〜であるかのように」は，実際にはそうじゃないわけだろ？　ただし，as if 以下の内容にある程度の確信があるときは，仮定法を使わずに言う。

　　◎ She looks as if she <u>is</u> sick.

　　（彼女は具合が悪そうに見える）

ジ：単に She looks sick. と言えばいいんじゃないの？

い：それでもいいが，as if を使う方が控えめな言い方になるわけだ。もう1つ，次の形も覚えておこう。

★ It's (high) time ＋仮定法過去 ＝ もう〜する時間だ

　　◎ It's (high) time you <u>went</u> to bed.

　　（もう寝る時間ですよ）

ジ：なんで，仮定法を使うの？

い：同じ質問するなよ。「もう寝る時間ですよ」は，実際にはまだ寝てないわけだろ？　「もう寝ているはずの時間なのに，何やってんだ*!*」という響きがあるわけだ。

ジ：なるほど。

い：じゃあ，問題だ。次の2つの文の意味，わかるか？

　　(e) It is time <u>for you to get married</u>.

　　(f) It is time <u>you got married</u>.

ジ：よくわかんないけど。

い：(e)は「おまえもそろそろ結婚適齢期だな」，(f)は「さっさとヨメに行け*!*」って感じだ。

ジ：やな例文だなー。

point 58 if を使わない仮定法

With a little more money, I could buy this ring.
(もう少し金があれば，この指輪が買えるのに)

い：仮定法の中には，if を使わないものもたくさんある。主なパターンは，次の4つだ。

① **if 以外の語句が if に代わる働きをする場合**
② **if を省略して〈V + S〉の倒置形を使う場合**
③ **if 節全体が省略された場合**
④ **慣用表現の中で仮定法を使う場合**

上の文は，①の例に当たる（with = if I had）。次の例もそうだ。

◎ <u>A wise man</u> would not do such a thing.
　（賢い人ならそんなことはしないだろう）

◎ <u>Five minutes earlier, and</u> you could have caught the train.
　（もう5分早ければ，君は列車に間に合ったのに）

ジ：じゃあ，②③④は？
い：④は，〈I wish +仮定法〉みたいなパターン。②の例は，こんなのだ。

◎ <u>Should</u> he be dumped by her, he might kill himself.
　[= If he should be dumped 〜]
　（万一彼女にふられたら，彼は自殺するかもしれない）

142

こんなふうに，仮定法のifを省略して，代わりにVとSを入れ換える言い方があるんだ。

ジ：なんで入れ換えるの？

い：ifを省略しただけだと，何のことかわかんないだろ？

ジ：答えになってないような気がするけど…

い：次に③の例は，こんな形だ。

◎ I could have passed the test.

この文は，たとえば「（カゼをひいていなかったら）私はテストに合格できたのに」のような解釈が可能だ。if I hadn't had a cold が省略されている，と考えるわけだ。

ジ：じゃあ，〈助動詞の過去形＋ have ＋過去分詞〉の形が出てきたら，いつでも仮定法過去完了なの？

い：いや，そうとも限らない。

◎ I might have got lost.

この文は，次の2通りの解釈が可能だ。

① 私は（今）道に迷っているのかもしれない。

② 私は（あのとき）道に迷ったかもしれなかった。

①は I may have got lost. を和らげた言い方で【→ point49】，I have got lost. に推量の might（ひょっとしたら〜かもしれない）を加えたものと思えばいい。②は，if節（たとえば if I hadn't had a map ＝もし地図を持っていなかったら）が省略された仮定法過去完了形，という解釈だ。

ジ：助動詞の過去形って，ややこしい。

い：【point47 〜 49】も，しっかり読んどけよ！

point 59 仮定法による控えめな表現

> ***I'd appreciate it if you would*** pick me up.
> (車で迎えに来ていただけるとありがたいのですが)

い：会話でよく使うこの慣用表現，知ってるか？
ジ：学校では習ってない。
い：丸暗記しとけ！　appreciate は「ありがたく思う」の意味で，it は if 以下の内容を受けている。

★ I'd [=I would] appreciate it if you would ~
＝ ~してもらえればありがたいのですが

ジ：なんで would が２回も出てくるの？
い：Would you please ~ ?（~していただけますか）のように，would はていねいな依頼をするときによく使う助動詞だ。もともとは you の意志を尋ねる言い方で，これらは仮定法なんだ。上の形を直訳すると，「もしもあなたに~する意志がおありなら，私はそれをありがたく思います」となる。
ジ：仮定法ってことは，「実際にはあなたはそんなことしてくれませんよね。残念*！*」ってわけ？
い：アホか*！*　仮定法は，いつでも「事実の反対」を表すわけじゃない。「実現の可能性が低いこと」を仮定するときにも使うんだ。そこから，「たぶんあなたはおいやでしょうけれど，もし~してくださるなら…」という控えめ

144

なニュアンスが生まれるわけだ。次の例も同じだ。

◎ Would you mind if I smoked?
（たばこをすってもかまいませんか）

ジ： smoked は，smoke の間違いじゃないの？

い： いいや，これは仮定法過去の表現だから，文法的には smoked が正しい。Do you mind if I smoke? よりも，ていねいな言い方になるわけだ。つまり，

★ **仮定法過去は，控えめな依頼などにも使う。**

ジ： ていうか，こういう表現は丸暗記すればいいんじゃないの？

い： もちろん，それでいい。ただ，仮定法に由来する表現はたくさんある，ということは知っておくべきだ。たとえば Would you mind if I smoked? に対して，こう答えることができる。

◎ I would rather you didn't.
（そうしないでいただければと思います）

〈would rather ＋仮定法〉は，「むしろ～だといいのに」の意味を表す。(I'm sorry,) I wish you wouldn't. のように言ってもいい。これらも，仮定法を使ってていねいに言おうとする表現の例だ。

第3日　時制・助動詞・受動態・仮定法　145

point 60 仮定法現在

> He ***demanded*** that the contract ***be*** observed.
> (契約は守られるべきだと彼は要求した)

ジ：これのどこが，仮定法なの？

い：ある種の動詞や形容詞に続くthat節中では，常に「動詞の原形」を使う。この原形を，仮定法現在と言う。

ジ：「ある種の」って，どんなの？

い：形容詞や動詞が，要求・提案・必要・願望などを表す場合だ。

① It is ＋**形容詞**＋ that ＋ S ＋ **V（原形）**
   necessary（必要な），***essential***（絶対に必要な），
   important（重要な），***desirable***（望ましい）など

② S ＋ **V** ＋ that ＋ S ＋ **V（原形）**
   demand/require（要求する），***insist***（主張する），
   suggest/propose（提案する），***advise***（勧める），
   recommend（推薦する）など

「V（原形）」の部分は，イギリス英語では〈should ＋原形〉の形を使う。

◎ They insisted that he (should) take all the responsibilities.
(彼らは彼が全責任を取るべきだと主張した)

ジ：これ，絶対に原形じゃないとダメなの？

い：実際はそうでもない。こんな例もある。

◎ It is essential that you be [are] at the meeting.
（君は会合に出席することが絶対に必要だ）

下線部の動詞は，本来は be または should be だ。しかし実際には，are も使われる。なお，次の形とは区別しておこう。

◎ It is strange that there is [should be] nobody in the office.
（オフィスに誰もいないとは不思議だ）

この場合は，下線部を be とは言わない。should は驚きなどの感情を表す助動詞だ。

ジ：つまり，形容詞が essential なら be で，strange なら is になるの？　ややこしいじゃん！

い：〈should ＋原形〉の形を入れてみて，これが「〜すべきだ」の意味に解釈できる場合は，動詞の原形も使えると思っていいだろう。もう1つ大切なのは，②のグループの動詞は〈V ＋ O ＋ to 不定詞〉の形をとれないということだ（require, advise を除く）。【→ point13】

◎ I demanded that he (should) come.（○）
◎ I demanded him to come.（×）

ジ：自分で英語を話すとき，そんな区別ができるかな。

い：おまえ，英語で要求したり提案したりできるのか？

ジ：できるわよ。「このバナナ，値引きして」とか。

い：おまえは主婦か！　そんな状況で demand や suggest が使えるか。Can't you give me a discount? とかで十分だ。

練習問題 第3日

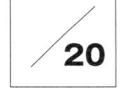

A カッコ内に入る適当な語句を1つ選んでください。

(1) (　) you copy this, please?
　① Are　② Do　③ Would　④ Let

(2) We (　) to the beach next weekend.
　① went　　② are going
　③ have gone　④ are gone

(3) I (　) this before you return.
　① have done　② had done
　③ am doing　　④ will have done

(4) There (　) a convenience store here.
　① is to be　　② is being
　③ used to be　④ is used to be

(5) All the trains (　) by snow.
　① delayed　　　② were delayed
　③ have delayed　④ are delaying

(6) With a little more care, you (　) the test.
　① have passed　② will have passed
　③ had passed　　④ would have passed

B カッコ内の動詞を，適当な形に直してください。

(1) I (work) for eight hours and now I'll stop.

(2) We'll have to wait until he (come).
(3) If I (be) you, I would do otherwise.
(4) I expected that he (win) the election.
(5) We (wait) nearly an hour when he appeared.
(6) I suggested that he (buy) a new car.
(7) It's high time you (have) a haircut.
(8) He spoke as if he (be) an native speaker.

C カッコ内の語を適当に並べ換えてください。

(1) My dog [by, run, car, was, over, nearly, a].
 (私の犬はあやうく車にひかれるところだった)
(2) Good care [taken, is, the, being, patient, of].
 (その患者は十分に世話されているところだ)
(3) I'd [if, appreciate, come, you, it, would].
 (あなたに来ていただけるとありがたいのですが)

D 英訳を完成してください。

(1) 誰かがぼくの自転車を盗んだにちがいない。
 Someone _____.
(2) 前もってぼくに知らせてくれればよかったのに。
 I _____ beforehand.
(3) 君が病気だと知っていれば、君を病院へ訪ねて行ったのに。
 If I had known you were sick, I _____ in the hospital.

正解と解説

A

(1) ③ (2) ② (3) ④ (4) ③ (5) ② (6) ④

(1)「これをコピーしてもらえますか」
　Would you ～ (, please)? ＝～していただけますか
(2)「次の週末に海辺へ行きます」
　現在進行形が未来の予定を表す例。
(3)「あなたが戻る前にこれを済ませておきます」
　未来の一時点における動作の完了を表す未来完了形。
(4)「以前ここにコンビニがありました」
　used to *do* ＝以前は～だった
(5)「全列車が雪のために遅れた」
　be delayed ＝遅れる
(6)「もう少し注意していれば，君は試験に合格したのに」
　with に「もし～があれば」の意味が含まれる。

B

(1) have worked / have been working　(2) comes　(3) were
(4) would win　(5) had waited / had been waiting　(6) buy
(7) had　(8) were

(1)「8時間ずっと働いているので，もう終わります」
(2)「私たちは彼が来るまで待たねばならないだろう」

(3)「もしもぼくが君なら,違うやり方をするだろう」
(4)「彼が選挙に勝つと思った」
(5)「私たちが1時間近く待ってようやく彼は現れた」
(6)「彼は新しい車を買ってはどうかと私は言った」
(7)「君はそろそろ髪を切っていい頃だよ」
(8)「彼はまるでネイティブスピーカーのように話した」
　　had been だと「以前にネイティブスピーカーであったかのように話した」という不自然な意味になるので不可。

C

(1) was nearly run over by a car (2) is being taken of the patient
(3) appreciate it if you would come

---

(1) A car nearly ran over my dog. を受動態にした文。
(2) They are taking good care of the patient. の下線部を主語にした受動態の文。
(3) I'd appreciate it if you would ～ = ～してもらえればありがたいのですが

D

(1) must have stolen my bicycle [bike] (2) wish you had told me [let me know] (3) would have visited you

---

(1) must + have + 過去分詞 = ～したにちがいない
(2) I wish + 仮定法過去完了 = ～ならよかったのに
(3) 仮定法過去完了の基本形。

第3日　時制・助動詞・受動態・仮定法　151

第4日

関係詞・接続詞

point 61 関係代名詞の基本

> The video ***I saw yesterday*** was very exciting.
> (きのう見たビデオはとても面白かった)

い：高校では普通，関係代名詞を下のように教えている。
（先行詞＝関係詞によって修飾される語句）

	主格	所有格	目的格
先行詞が人	who/that	whose	whom/that
先行詞が物	which/that	whose/of which	which/that

でも，この表はあまり実用的とは言えない。

ジ：これって結局，「主格と目的格は that，所有格は whose」の２つだけ覚えとけばＯＫなんじゃないの？

い：暗記の都合だけならそのとおりだが，実際の頻度から言えば，次のように覚えておく方がいい。

	主格	所有格	目的格
先行詞が人	who[that]	なるべく使わない	省略する
先行詞が物	that[which]	なるべく使わない	省略する

主格の関係代名詞については，先行詞が人のときは who を，物のときは that を使うのが基本だ。

ジ：上の表と全然違う！ 「なるべく使わない」って，何よ。

い：まず「先行詞が物」の場合，whose はふつう使わない。

(a) Look at the house <u>whose roof is red</u>.　(△)
　（赤い屋根の家を見なさい）

(b) This is a proverb whose meaning I don't know. (△)
（これは私には意味のわからないことわざです）

ジ：でも，こういう例文が文法のテキストに載ってるし。

い：使わないったら使わない！　下の方が普通の言い方だ。

(a) → Look at the house with a red roof. (○)
(b) → This is a proverb I don't know the meaning of. (○)

ジ：なんで whose は使わないの？

い：whose は who の活用形だから，先行詞が物だと抵抗がある。先行詞が人のときも，使わずにすむ場合はそうする方がいい。

ジ：じゃあ，さっきの表に出てきた「省略する」ってのは？

い：目的格の関係代名詞は，省略するのが普通だ（最初に挙げた例文もその例）。

◎ Renoir is the artist ~~whom~~ I like best.
（ルノアールは私が一番好きな画家です）

疑問詞の whom も普通は who で代用するから，結局 whom という語を使う必要は全くない。

◎ Who [△ Whom] did you send the e-mail to?
（君は誰にメールを送ったのか）

◎ Who was this novel written by?
[△ By whom was this novel written?]
（この小説は誰によって書かれましたか）

ジ：whom って，窓際族のロートル社員みたいなもの？

い：もっと高校生らしいこと言えよ，おまえ。

point 62 前置詞＋関係代名詞

> Kyoto is the city ***in which*** I was born.
> （京都は私が生まれた都市です）

い： この文は，2つに分けて考えてみよう。

① Kyoto is the city .

② I was born in the city.

①は「京都は都市です」の意味で，どんな都市かを説明してやる必要がある。だから，②を利用して「私が生まれた都市」という形を作る。

ジ： ②の the city を，which に変えればいいのね。

い： そう。だから，下のようにも言える。

◎ Kyoto is the city which [that] I was born in.

この which は目的格だから，前回言ったように，省略して次のように言うのが普通だ。

◎ Kyoto is the city ▲ I was born in.

ジ： なんで「which は目的格」なの？

い： 前置詞の後ろには，目的格を置く。たとえば「彼に手紙を送る」は send a letter to him と言うだろう？ to は前置詞で，その後には目的格（him）が置かれている。to he とか to his とは言えない。

ジ： で，最初の文の in which ってのは？

い：「前置詞＋関係代名詞」が，一緒になって働くことがあ

156

るんだ。次の例もそうだ。
◎ The man to whom she is speaking is my boss.
（彼女が話している男性は，私の上司です）

ジ：これは，She is speaking to him. からきてるわけね。

い：そうだ。ただし会話では，次のように言う方が圧倒的に多い。
◎ The man ▲ she is speaking to is my boss.
こう言えば，目的格の whom を省略できるからな。

ジ：to whom の whom は，省略できないの？

い：「前置詞＋関係代名詞」の形のときは，関係代名詞は省略できない。また，that はこの形では使えない。
◎ Kyoto is the city in that I was born. （×）
ついでに言うと，次の文は正しい。
◎ Kyoto is the city where I was born.
これは，I was born in the city. を I was born there. （私はそこで生まれた）と言い換えて，この there が関係副詞の where に置き換わった，と考えればいい。

ジ：結局，in which ＝ where，ってことね。

い：そうだ。関係副詞は次回に詳しく説明するが，次の例も同じ理屈だ。
◎ August 15 is the day. ＋ The war ended on the day.
　→ August 15 is the day on which the war ended.
　→ August 15 is the day when the war ended.
（8月15日は戦争が終わった日だ）

point 63 関係副詞

That's **why** I was late for the meeting.
（そういうわけで私は会議に遅刻しました）

い： 関係副詞には **when・where・why・how** の4つがあり，先行詞との関係は次のようになる。

関係副詞	when	where	why	how
先行詞	時を表す名詞	場所を表す名詞	the reason	なし

(a) Monday is the day when I'm busiest.
　（月曜日は私が一番忙しい日です）
(b) That's the restaurant where I usually have lunch.
　（あれが，私がふだん昼食をとるレストランです）
(c) Do you know the reason why he quit his job?
　（彼が仕事をやめた理由を知っていますか）
(d) This is how I solved the puzzle.
　（こうやってぼくはそのパズルを解いたんだ）

ジ： how には，先行詞がないの？
い： how は，ふつう次の形でしか使わない。

★ **This[That] is how ～ = この[その]ようにして～**

なお，how は the way で言い換えることができるが，the way how とは言わない（the way in which は可能）。

ジ： この形，最初に出てきた文と似てるけど。
い： why は，〈the reason why ～〉の形で「～の理由」という

158

意味を表すが，the reason は省略することも多い。そこで，次の形でよく使われる。

★ This[That] is why ～ ＝ こう [そう] いうわけで～

ジ： じゃあ，when や where の先行詞は省略できるの？

い： 意味が通じる場合は，先行詞を省略することもある。

◎ That was (the time) when I lived here.
（その頃私はここに住んでいた）

◎ This is (the place) where the accident occurred.
（ここがその事故の起きた場所です）

逆に，関係副詞が省略されることもある。最初に挙げた4つの例文のうち，(a)(b)(c)の when・where・why は省略可能だ。

ジ： (d)の how は？

い： 省略したら，何にも残んないだろ！

ジ： that は，関係副詞の代わりには使えないの？

い： when・why の代わりに that を使うこともあるが，省略するのが普通だ。

◎ This is the first time (that) I've ever seen a panda.
（パンダを見るのはこれが初めてです）

◎ I don't know the reason (that) he entered the hospital.
（彼が入院した理由を私は知らない）

なお，that を where の代わりに使うのは例外的な場合に限られる。the town where I was born の where の代わりに，that を使うことはできない。

第4日 関係詞・接続詞

Point 64 関係詞の非制限用法①

> He lent me a comic, ***which*** was very funny.
> （彼は私にマンガを1冊貸してくれたが、それはとても愉快だった）

い： まず、次の2つの文を比べてみよう。

(a) I have an uncle ***who*** lives in Nagoya.
　（私には名古屋に住むおじが1人います）

(b) I have an uncle, ***who*** lives in Nagoya.
　（私にはおじが1人いて、名古屋に住んでいます）

ジ： 同じ文じゃんか。

い： よく見ろ。(b)は、who の前にカンマがあるだろ。

ジ： だから何だってのよ。

い： (a)は普通，「私の（何人かの）おじのうちで、名古屋に住む人が1人いる」という意味に解釈する。who 以下は uncle の意味を限定しているから、これを「制限［限定］用法」と言う。一方(b)は、カンマの前でいったん文が切れて、「私にはおじが1人いる」という意味が確定する。カンマの後はその補足説明で，〈, who = and he〉と言い換えられる。関係詞のこの使い方を「非制限［継続］用法」と言う。(a)は who の後ろから、逆に(b)は前から訳していることに注意しよう。

ジ： じゃあ，(b)だと必ず「おじは1人しかいない」って意味

になるわけ？
い：いや，そうじゃない。「私にはおじが1人いましてね，その人は名古屋に住んでるんですよ」というふうに話を切り出す場合，おじの数とは関係なく(**b**)が使える。一方(**a**)は，「名古屋に住むおじ」を，別のおじと区別しようとする言い方，ってことだ。
ジ：そんな違いに，何の意味があるのよ？
い：次の例を見てみよう。

◎ I bought an umbrella, which I left in the bus.
（私は傘を買ったが，バスの中に置き忘れた）

カンマの後ろは and I left it in the bus と言い換えられる。もしカンマがなかったら，「私はバスの中に置き忘れた傘を買った」というヘンな意味になる。

◎ My uncle, who was a heavy smoker, died of lung cancer.
（ヘビースモーカーだったおじは肺ガンで死んだ）

下線部は，because he was a heavy smoker という意味を表している。非制限用法の関係詞は，こんなふうに「補足説明」をする場合に使う。なお，次の例も見ておこう。

◎ I live in Tokyo, which is the capital of Japan.
（私は日本の首都東京に住んでいます）

この場合，which の前にはカンマが必要だ。カンマがないと，「いくつかある東京のうちで，日本の首都である東京」というおかしな意味になっちゃう。固有名詞はもともと世の中に1つしかないから，それ以上限定することはできないわけだ。

第4日　関係詞・接続詞　161

point 65 関係詞の非制限用法②

> (a) He has two sons, ***both of whom*** are doctors.
> （彼には息子が2人いて，どちらも医者だ）
> (b) He said he was a lawyer, ***which*** was a lie.
> （自分は弁護士だと彼は言ったが，それはうそだった）

い：(a)は，次の2つを合体したものだ。

◎ He has two <u>sons</u>.

◎ <u>Both of them</u> are doctors.

them は sons のことだから，下の文の下線部を both of whom に置き換えて，これをまとまった関係代名詞と考えれば，上のような文が作れる。

ジ：whom だけ前に出しちゃダメなの？

い：それだと，~, <u>whom</u> both of are doctors. となるから，一見してヘンな感じがするだろ？ a house <u>in which</u> I was born の which だけを前に出して，a house <u>which in</u> I was born と言うことはできない。それと同じことだ。それから，このタイプの表現は，必ずカンマをつけて使う。類例を挙げておこう。

◎ I have four dictionaries, <u>one of which</u> is missing.

（私は辞書を4冊持っているが，1冊が行方不明だ）

ジ：which の代わりに that を使うのは？

い：それはダメ。【point62】で説明したとおり，that は前置詞（of）の後では使えない。

次に，(b)を見てみよう。

◎ He said he was a doctor, <u>which</u> was a lie.

ジ：doctor の後ろにあるのに，なんで which なの？ who の間違いでしょ。

い：この文では，〈, which ＝ and it〉と言い換えられる。次のように覚えておこう。

★〈, which〉は，前の内容を指す場合がある。

つまり「which ＝自分は医者だと彼が言ったこと」で，それが「うそだった」という意味になるわけだ。

ジ：じゃあ，which の代わりに that を使うのは？

い：that を使うと，こんな文ができる。

◎ He said he was a doctor, <u>that</u> was a lie.（×）

この文は，間違いだ。これだと that は「そのこと」という意味の単なる代名詞と解釈されるから，<u>and that</u> のように接続詞を補う必要がある。要するに，**that は非制限用法では使えない**，ということだ。

なお，関係副詞 when・where は非制限用法で使える。

◎ We played until noon, <u>when</u> we had lunch.
（私たちは正午まで遊び，それから昼食をとった）

◎ I'll move to Tokyo, <u>where</u> jobs are available.
（東京へ引っ越します，仕事にありつけるから）

それぞれ，〈, when ＝ and then〉，〈, where ＝ because there〉と言い換えられる。これだけは覚えておこう。

★〈カンマ＋関係詞〉は，前から訳す。

第4日 関係詞・接続詞　163

point 66 関係代名詞の that

All (***that***) I want is your love.
(ぼくがほしいのは君の愛だけだ)

い: 学校で習う関係詞 that の用法をまとめて言うと，こんな感じだ。
　① 関係代名詞 who(m)・which の代わりに使う。
　② who(m)・which より that が好まれる場合がある。
　③「前置詞＋ that」の形では使えない。
　④ 非制限用法で（カンマの後に）は使えない。

ジ: 学校では，②をいろいろ覚えさせられるけど。

い: 「先行詞に all・every・the only・the very などの限定がついているときは，that が好まれる」というルールがある。でもこれは絶対的なものじゃなく，先行詞が人の時には who を使うことも多い。

　◎ He is the only employee that [who] has the license.
　(彼はその資格を持つ唯一の社員だ)

　③④の例も，1つずつ出しておこう。

　◎ This is the town in which [× that] I was born.
　(ここが私の生まれた町です)

　◎ I come from Atami, which [× that] is famous as a tourist spot.
　(私は観光地として有名な熱海の出身です)

ジ：あと,「先行詞が〈人+物〉のとき」も that を使うんじゃなかったっけ?

い：あのなあ。それ, 具体的にどんな意味のときだよ?

ジ：たとえば…「あの車にひかれた<u>少年と犬</u>を見なさい」とか?

い：そんなレアケースなんか, 考えなくていい!

ジ：じゃあ, that はどんなときに使うの?

い：実際の用例から言えば, 関係代名詞の that が最もよく使われるのは「物を先行詞とする主格の関係代名詞」としてだ。

◎ I'm looking for a shop <u>that</u> sells used CD.
　（私は中古CDを売っている店を探しています）

ついでに, もう一度説明しておこう。

◎ I can't lend you the only dictionary (<u>that</u>) I have.
　（ぼくが持っているただ1冊の辞書を,君には貸せない）

この that は目的格だから, 省略するのが普通だ。

◎ I don't like people <u>who</u> [that] tell lies.
　（私はうそをつく人がきらいだ）

先行詞が人間（people）だから, この文では who の方が普通の言い方だ。関係代名詞の that については, この程度のことを知っていれば十分だ。

第4日　関係詞・接続詞　165

67 関係代名詞の what

> ***What*** you need most is enough sleep.
> (君に最も必要なものは，十分な睡眠だ)

ジ：what は，「何」って意味でしょ？

い：いいや。文の最後に「？」がないから，これは疑問文じゃない。この what は関係代名詞で，what ＝ the thing(s) that の意味を表す。

　　★ **what（関係代名詞）＝ 〜するもの［こと］**

ジ：よくわかんない。

い：次の文で説明してみよう。

　　◎ I can't believe what he said.
　　（私は彼の言ったことが信じられない）

　　what を the thing that で置き換えると，こうなる。

　　◎ I can't believe the thing that he said.

　　that を関係代名詞と考えれば，the thing that he said は「彼が言ったこと」と訳せるだろ？ 最初の文も，What you need most ＝ The thing that you need most，と考えればいい。

ジ：3語が1語になっただけじゃん。what なんか使わなくても，the thing that って言えばいいでしょ。

い：関係代名詞の what は，会話でもよく使う。最低限必要なことは理解しておこう。たとえば，こんな文だ。

◎ ***What I want to say*** is that this is the last chance.
　　　　　S　　　　　　V　　　　　　C
（私が言いたいのは，これが最後のチャンスだということだ）

ジ：what とか that とか，ややこしい。

い：what I want to say（私が言いたいこと）では，what は say の目的語として働いている。一方，that（～ということ）は，this is the last chance という文を，より大きな文の一部にするための「接着剤」のようなものにすぎない。

ジ：あー，もう。説明キライ！

い：くどくど言うより，実例を見ながら使い方を体で覚えた方が早いよな。〈what = the thing(s) that〉と置き換えて考えれば，理解できるはずだ。

◎ I'm sorry for [what I've done].
（私は自分のしたことを申し訳なく思います）

◎ [What impressed me in Hawaii] was the blue sea.
（ハワイで印象に残ったのは，青い海でした）

第4日　関係詞・接続詞　167

point 68 連鎖関係詞節

He is a famous writer ***who they say will win*** the Nobel prize.
(彼はノーベル賞を取るだろうと言われている有名な作家だ)

い：この文, どっかヘンな感じがしないか？

ジ：they say will win のとこが, ヘン。they will win ならわかるけど。

い：この文は, 次の2つを結びつけたものだ。

(a) He is a famous writer .

― *who* ―

(b) They say he will win the Nobel prize.

(b)の he を関係代名詞の who に置き換えて, (a)の writer の後ろにくっつければ, 上の文ができる。この形の特徴は, (b)で「従属節の主語を関係詞に置き換える」点にある。その結果, こんな構造ができる。

- a famous writer ***who*** → they say
  → will win the Nobel prize

who が2つの語句を鎖でつないでいるというイメージで, この構造を「連鎖関係詞節」と言うんだ。

ジ：これじゃダメなの？

◎ He is a famous writer they say who will win 〜 .

い：ダメ。関係詞は「先行詞の直後」に置くのが原則だから，who は writer の後に置く。

ジ：じゃあ，たとえばこんなのもあり？

(a) He is a famous writer.
(b) A friend of mine told me that he won the Nobel prize.
（彼はノーベル賞を取った，と私の友人の１人が教えてくれた）

この２つをくっつけると，こうなるよね？

◎ He is a famous writer who a friend of mine told me that won the Novel prize.

い：それは間違い。この形では that は常に省略される。それに，who の後に置く語句が長いほど文が複雑になって，不自然に感じられるんだ。連鎖関係詞節は，who they say とか who I think のような軽い言葉を置くときにだけ使うのが普通だ。

◎ The man who he had believed was his best partner betrayed him.
（彼が最高の相棒だと信じていた男が彼を裏切った）

次の例も，連鎖関係詞節の応用だと思えばいい。

◎ News came from John, who we had thought was dead.
（死んだと思っていたジョンから便りが来た）

◎ What we thought was a monster proved a rock.
（我々が怪物だと思ったものは岩だとわかった）

69 関係代名詞の as

> He comes from Australia, **as** you can tell from his accent.
> (彼はオーストラリア出身だが, それは彼のなまりからわかる)

い：オーストラリアから来た人が,「アイ・カイム・ヒア・トゥダイ」と言った。意味, わかるか？

ジ：カイムって, 何よ？

い：つづりに直すと, I came here today. だ。オーストラリア英語では,「エイ」を「アイ」と発音する。だから下線部を to die（死ぬために）と聞き違えたりする。それはともかく, 文法書に出てくる「特殊な形の関係代名詞」としては, as・than・but の３つがある。まず, 関係代名詞 as は, 次の２つの場合に使う。

① 前（後）の内容を受けて「そのこと」の意味を表すとき
② 先行詞に such, the same, as などがついているとき

ジ：上の文の as は,「～のように」の意味じゃないの？

い：確かに, as にはこんな使い方がある。

(a) She is, <u>as you know</u>, an efficient secretary.
（彼女は, ご存じのとおり, 有能な秘書です）

この as は,「～のように, ～のとおりに」の意味の接続

170

詞だ。一方，次の文の as はちょっと違う。

(b) The screen froze, as sometimes happens.
　（時々起こることだが，画面がフリーズした）

この as は happens の主語として働いているから，主格の関係代名詞と考えられる。最初に挙げた文では，as は tell の目的語の働きをしている。

ジ：じゃあ，(b)の as の先行詞は？

い：カンマの前の部分（The screen froze）の内容だ。

ジ：前の内容を受けるのは，which じゃなかったっけ？

い：which にもその用法はあるから，(b)の as は which に置き換えられる。ただし，as は「後ろの内容」を受けることもできる（which にはこの用法はない）。

◎ As is often the case with him, he was late again this morning.
　（彼にはよくあることだが，けさもまた遅刻した）

下線部は慣用表現だ。as は関係代名詞で，カンマの後ろの内容を受けている。

次は，as の第2の用法だ。

◎ Read such books as will benefit you.
　（自分のためになるような本を読みなさい）

◎ This is the same type of phone as my brother has.
　（これは兄が持っているのと同じ型の電話です）

上の文中の as はその節中の主語として，下の文では目的語として働いている点に注意しよう。

第4日　関係詞・接続詞　171

point 70 その他の関係代名詞

He is a gentleman, ***which*** his brother is not.
（彼は紳士だが，弟はそうではない）

い：さて，お立会い。

ジ：何が？

い：次の文は，作者の持つ大学入試問題過去問データベースから拾ったものだ。
  ◎ There are few of us but admire your determination.
  （あなたの決心を称賛しない者は，私たちのなかにはほとんどいない）
  ちなみに出典は，Tで始まる首都圏の有名私大だ。

ジ：but は「しかし」って意味じゃないの？

い：この but は「否定の意味を含む関係代名詞」で，上の文はこう言い換えられる，と学校ではよく教えている。
  ◎ There are few of us who don't admire your determination.
  この用法の but の例として有名なのが，次の文だ。
  ◎ There is no rule but has some exceptions.
  [＝ There is no rule that doesn't have some exceptions.]
  （例外のない規則はない）

ジ：あ，これは学校で習ったことある。

い：しかーし！　関係代名詞としての but の用法はとっくの

172

昔に廃(すた)れていて，今日では絶対に出てこない。学校英語の典型的な悪例として専門誌などでよく取り上げられるが，大学には平気でこんな問題を出す連中もいる。嘆かわしいことだ。では，次。

ジ： なんか，ムダな説明にスペース使ってない？

い： 次は，「関係代名詞の than」の例だ。

◎ Don't carry more money ***than*** is necessary.
（必要以上の金を持ち歩いてはいけない）

この than は，is の主語として働いている。普通なら which や that を使うところだが，先行詞に more（比較級）がついているときは than を使う。

ジ： これはまあ，わかるかな。

い： 続いて，最初に挙げた例文だ。

◎ He is a gentleman, which his brother is not.

ジ： これ，先行詞が人（gentleman）なんだから，which じゃなくて who を使うんじゃないの？

い： この文の gentleman は，人間としての紳士じゃなくて，紳士としての性質［人柄］を指している。この場合は物と同じ扱いで，which を使うんだ。カンマがなければ that を使ってもいい。

◎ She is not the idol which [that] she used to be.
（彼女は以前のようなアイドルではない）

ジ： こういう知識って，ホントに必要なの？

い： 少なくとも大学入試ではな。今回の説明は，もともと受験業界のヒトである作者の趣味だと思ってくれ。

第4日 関係詞・接続詞　173

point 71 複合関係詞

> You can take *whichever* CD you like.
> （君が好きなＣＤをどれでもあげるよ）

い：〈関係詞＋ ever〉の形を，「複合関係詞」と言う。関係詞に関係代名詞・関係形容詞・関係副詞の３種類があるように，複合関係詞にもこれに準じた３種類がある。

ジ：聞いただけで，ややこしそうなんだけど。

い：複合関係詞の基本的な意味の１つは，**「譲歩（たとえ～でも）」**だ。

◎ *Whatever* happens, I'll never change my mind.
（たとえ何が起きても，私は決して心変わりしない）

ジ：じゃあ，whenever は？

い：普通は「～するときはいつでも」の意味で使うが，「たとえいつ～でも」の意味もある。wherever もそうだ。

◎ I carry my cell phone *wherever* I go.
（私はどこへ行くにも携帯電話を持ち歩く）

◎ *Wherever* you go, I'll follow you.
（あなたがどこへ行こうと，私はついて行きます）

ジ：じゃあ，最初に出てきた whichever は，「たとえどちらの～でも」の意味なの？

い：そこで，複合関係詞のもう１つの意味の話になる。

◎ I'll bring *whatever* is necessary for you.

（あなたに必要なものは何でも私が持ってきます）

　この例では，下線部全体が名詞として働いている。
whateverは「～するものは何でも」の意味だ。

ジ：つまり，意味が2つあるってこと？

い：そうだ。whateverを例にとると，次のように言える。

① 副詞の働きをするとき →「たとえ何が［を］～でも」
② 名詞の働きをするとき →「～するものは何でも」

　そして，①のときはno matter whatで言い換えることができる。ほかの複合関係詞も同じ理屈だ。

(a) ***Whoever*** marries you is a lucky man.
　　[= Anyone who marries you is a lucky man.]
　　（君と結婚する者は誰でも，幸運な男だ）

(b) ***Whoever*** objects, I'll carry out this plan.
　　[= No matter who objects, I'll carry out this plan.]
　　（誰が反対しようと，私はこの計画を実行する）

ジ：(b)のNo matter whoってのが，よくわかんない。

い：matterは，こんな使い方ができる。

　◎ It doesn't matter who objects.
　　（誰が反対しようがかまわない）

　このmatterは動詞（問題［重要］である）だが，元来は名詞（問題）だから，次の言い方もできる。

　◎ It is no matter who objects.

つまり，「誰が反対するかは問題ではない」ってことだ。この文からIt isが省略されて副詞節になったものが，no matter who objects（たとえ誰が反対しようとも）だと思えばいい。

第4日　関係詞・接続詞　175

point 72 whether の用法

> (a) I don't know **whether** he'll come (**or not**).
> （彼が来るかどうか私は知りません）
> (b) **Whether** he comes **or not**, I'll leave at 6.
> （彼が来ようが来まいが，私は6時に出ます）

い：ここからは，接続詞の話だ。まず基本から。ほとんどの接続詞は，「副詞節」を作る。

ジ：福祉施設？

い：惜しい。

ジ：いや，惜しくないでしょ。

い：I studied hard. の hard みたいなのが副詞だ。つまり，副詞節は取り除いても文が成り立つ。たとえば，

◎ <u>When I was jogging in the park</u>, I met Hanako.
（公園でジョギングしていたら，ハナコに会った）

下線部はなくても文が成り立つから，これは副詞節だ。

ジ：じゃあ，副詞節じゃない節は？

い：節には3種類あって，こういう関係になっている。

節の名前	作る材料	例
名詞節	接続詞	I think <u>that she is kind</u>.
副詞節	接続詞	I can't go <u>because I'm sick</u>.
形容詞節	関係詞	This is the pen <u>that I use</u>.

接続詞は「名詞節」または「副詞節」を作る。名詞節は，

文の要素として必要だ。I think that 〜 の that 以下は，ＳＶＯのＯとして働いているから，これを取り除いたら文が成り立たない。

ジ：もっと簡単な見分け方，ないの？

い：名詞節を作る主な接続詞は，***that***（〜ということ）と***whether/if***（〜かどうか）の３つだ。

◎ I asked him whether [if] he could come.
（彼は来られるかどうかを，私は彼に尋ねた）

ジ：if は「もしも〜なら」って意味でしょ？

い：ここで，if と whether の意味をまとめておこう。

節	名詞節	副詞節
if	〜かどうか	もしも〜なら
whether	〜かどうか	―
whether A or B	AかBか	AであろうとBであろうと
whether A ***or not***	Aかどうか	Aであろうとなかろうと

最初に挙げた(**a**)は名詞節，(**b**)は副詞節の例だ。(**a**)の or not は省略できるが，(**b**)では or not をつけるのが普通だ。whether A or B の例も見ておこう。

◎ I can't tell whether this bird is a male or a female.
（この鳥はオスかメスかわからない）

ジ：(**a**)が will come なのに，(**b**)は comes なのはなぜ？

い：(**a**)は名詞節だから，未来のことは will をつけて表す。一方(**b**)のように「譲歩（たとえ〜でも）」の意味を含む表現では，現在形を使うのが原則。条件を表す節中で使う現在形と同じだと思えばいい。【→ point42】

point 73 as の用法のまとめ

> Leave the matter ***as*** it is.
> (その問題はそのままにしておきなさい)

い：as の意味，どれだけ言える？

ジ：えー，まず1つは，比較で使うよね。I'm as beautiful as she. みたいに。それから，「～なので」と，「～のとき」って意味もあったかな？

い：あとは？

ジ：まだあるの？

い：比較で使う as を除けば，as には前置詞・接続詞・関係代名詞【→ point69】の3つの品詞がある。

前置詞の as は，「～として」の意味だ。

◎ Karuizawa is known <u>as</u> a summer resort.
(軽井沢は避暑地として知られている)

◎ I regard him <u>as</u> a great poet.
(彼は偉大な詩人だと私は思う)

ジ：じゃ，接続詞の as は？

い：次の2つの意味は，重要だ。

◎ <u>As</u> night came on, the sky became darker.
(夜になるにつれて，空が暗くなった)

◎ Do <u>as</u> I tell you to.
(私の言うとおりにしなさい)

下の as は「〜のままに」「〜のとおりに」の意味で，最初に挙げた文や次の文の as も，この意味だ。

◎ Try to see things <u>as</u> they are.
　（物事はありのままに見るようにしなさい）

◎ IT, <u>as</u> you know, stands for information technology.
　（ＩＴとは，ご存じのとおり，情報技術を表します）

接続詞の as のその他の用例も，まとめておこう。

◎ <u>As</u> I was about to leave, the telephone rang.
　（私が出かけようと<u>したとき</u>，電話が鳴った）

◎ <u>As</u> it was getting dark, she hurried home.
　（暗くなってきた<u>ので</u>，彼女は家路を急いだ）

◎ <u>As</u> rust eats iron, <u>so</u> care eats the heart.
　（さびが鉄を蝕(むしば)むように，心配事は心を蝕む）

次の２つの例の as は，前の名詞を限定して「〜する限りの」「〜するときの」などの意味を表す用法だ。

◎ I'll tell you about Shinjuku <u>as</u> I know it.
　（私の知っている新宿について君に話そう）

◎ This is the picture of the earth <u>as</u> seen from a spaceship.
　（これが宇宙船から見た地球の写真です）

ジ：今回，例文ばっかりだな。すまんすまん。

い：それはオレのセリフだ！

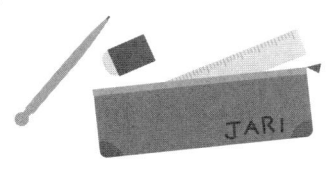

point 74 同格関係を表す that 節

> The news ***that*** the Japan team won excited us.
> （日本チームが勝ったというニュースに私たちは興奮した）

い：さて，「同格」とは何か？

ジ：格が同じことでしょ？ 小〇館と講〇社とか。

い：ヤバいネタはよせ。簡単に言うと，同格（関係）とは，2つの名詞（代名詞）を並べて，**片方がもう一方を説明する働きをする**関係のことだ。「AすなわちB」「BであるA」「BというA」のように訳すことが多い。

◎ <u>We</u> <u>Japanese</u> take too much care of our children.
（我々日本人は，子供の世話をしすぎる）

◎ <u>Kenji</u>, <u>my nephew</u>, got married last month.
（おいのケンジが先月結婚しました）

ジ：that なんか，出て来ないけど。

い：AとBは「名詞に相当するもの」であればいいわけだから，Bが不定詞の場合もある。

◎ He broke <u>the promise</u> <u>to pay the money</u>.
（彼はその金を支払うという約束を破った）

ここまでくれば，Bが that 節の場合もあることがわかるだろ？

◎ There is little <u>chance</u> <u>that we will win</u>.

(我々が勝つ（という）チャンスはほとんどない)

ジ：この that って，関係代名詞とは違うの？

い：we will win はこれだけで完成した文の形だから，関係代名詞の働く余地がない。次のように覚えておこう。

★**名詞＋ that 節 ＝ 〜という○○**

ジ：どんな名詞でも，この形が取れるわけ？

い：いや，同格の that 節を続けることのできる名詞は，限られているんだ。主なものを挙げておこう。

① 事実・情報に関する名詞
fact（事実），*news*（知らせ），*information*（情報），*rumor*（うわさ），*evidence*（証拠）など

② 思考に関する名詞
idea/thought（考え），*belief*（信念），*doubt*（疑い），*opinion*（意見），*conclusion*（結論）など

③ 可能性に関する名詞
hope/chance（見込み），*possibility*（可能性），*danger*（危険）など

なお，同格の that 節は，前の名詞と離れた位置に置かれることもある。

◎ The rumor spread that he will divorce.
（彼は離婚するだろうといううわさが広まった）

また，of を使って言い換えられる場合も多い。

【→ point38】

◎ There is no hope that stock prices will rise.
→ There is no hope of stock prices rising.
（株価が上がる見込みは全くない）

point 75 強調構文

> ***It was*** in Kyoto ***that*** I was born.
> （私が生まれたのは京都です）

い：「強調構文」って，聞いたことあるか？ こういう形だ。

★ **It is ○○ that ~ = ~のは○○だ**

例を挙げよう。

(a) Mr. Mori sent this e-mail to me.

(b) ***It was*** this e-mail ***that*** Mr. Mori sent to me.
（森氏が私に送ってきたのは，このメールでした）

(a)の this e-mail を強調するために，(b)では It was と that の間にはさむわけだ。(a)の残った部分（Mr. Mori sent to me）は，that の後ろに置けばいい。

ジ：これ，It is this e-mail that ~ じゃダメなの？

い：間違いじゃないが，sent の時制と一致させて was を使うことが多い。

ジ：It is と that の間には，何でもはさめるの？

い：(a)からは，次の2つの強調構文もできる。

(c) It was Mr. Mori that [who] sent this e-mail to me.
（私にこのメールを送ってきたのは，森氏でした）

(d) It was to me that Mr. Mori sent this e-mail.
（森氏がこのメールを送ったのは，私にでした）

182

(c)のように強調される部分が人間のときは，that の代わりに who も使える。でも，(d)では who は使えない。

ジ：じゃ，(a)で sent を強調するときは，It was <u>sent</u> that Mr. Mori this e-mail to me. かな？

い：おまえ，それがまともな英語に見えるのかよ？

ジ：だって，It is と that の間にはさめばいいんでしょ。

い：動詞は，はさめねえよ！　sent を強調したかったら，こう言えばいいんだ。

◎ Mr. Mori <u>did send</u> this e-mail to me.
　　（森氏は本当に私にこのメールを送ったのです）

この did は，動詞の意味を強める助動詞だ。次のように，副詞（句）も強調構文にできる。

◎ <u>It was</u> just an hour ago <u>that</u> I received this letter.
　　（この手紙を受け取ったのは，つい 1 時間前です）

最初に挙げた文も，これと同じパターンだ。

◎ I was born in Kyoto .

◎ <u>It was</u> in Kyoto <u>that</u> I was born.

ジ：It was <u>Kyoto</u> that I was born <u>in</u>. だと？

い：in Kyoto（京都で）は，これでひとまとまりの言葉（副詞句）だから，くっつけて使う。

ジ：born in + Kyoto，って考えちゃダメ？

い：疑問文を考えてみればわかる。<u>Where</u> were you born? が正しく，<u>Which</u> were you born in? とは言わないだろ。つまり，in Kyoto の結びつきの方が強いわけだ。

point 76 相関接続詞 ①

Speak louder ***so that*** I ***can*** hear you.
（私に聞こえるように，もっと大きな声で話しなさい）

ジ：so that って，「大変〜なので」…だっけ？

い：その場合は，so と that が離れた位置にある。

◎ The room was <u>so</u> noisy <u>that</u> we couldn't talk.
（部屋がとても騒がしかったので，私たちは話ができなかった）

最初の文は，こういう形だ。

★ so that S can 〜 = Sが〜できるように[するために]

ジ：学校では，〈so that 〜 may〉っていう形で習った気がするけど。

い：may は堅苦しい言い方で，普通は can（または will）を使う。口語では，that を省略することも多い。

◎ Let me know your address <u>so</u> (that) I can contact you.
（君に連絡が取れるよう，ぼくに住所を教えてくれ）

ジ：that を省略したら，so は「だから」の意味に誤解されちゃうじゃん。

い：〈so = そうすれば〉と考えればいい。so I <u>will</u> contact you と言うときは，特にそうだ。結局この so は，「だから」の意味の so と本質的に同じものだ。so の前にカンマがあるときは，完全にその意味になる。

◎ The street was narrow, so (that) I drove carefully.
　（通りは狭かったので，私は注意して運転した）
ジ：学校では，in order that っていう形も習った気がするけど。
い：そんな堅苦しい表現より，不定詞を使った言い換えを覚えておく方が役に立つ。
　◎ Speak louder so that I can hear you.
　　→ Speak louder for me to hear you.
for me to hear は「私が聞くために」の意味で，for me は to hear の「意味上の主語」だ。【→ point21】
ついでに，次の形も知っておこう。

★ such (a/an) (形容詞) 名詞 that ...
　＝たいへん（〜）な○○なので…

◎ I had ***such*** a (high) fever ***that*** I nearly died.
　（私はひどい（高）熱で死にかけた）
◎ I was in ***such*** a hurry ***that*** I forgot my coat.
　（私はとても急いでいたのでコートを忘れた）
〈so 〜 that ...〉（大変〜なので…）の場合は，「〜」の位置に形容詞・副詞を置く。一方，「〜」の位置に名詞が含まれるときは，so の代わりに such を使う。下の文は，in a hurry（急いで）と such を組み合わせた形だ。

ジ：such that みたいに，くっついた形はないの？
い：あるにはあるが，あまり出てこないから無視していい。

第 4 日　関係詞・接続詞　185

point 77 相関接続詞②

> ***Not*** he ***but*** I am responsible for the loss.
> (彼ではなく私に失敗の責任があります)

い： 相関接続詞の中には,「2つの対等のものを結びつける」働きを持つものがたくさんある。たとえば…
- ***not*** A ***but*** B (AでなくB)
- ***not only*** A ***but (also)*** B (AだけでなくBも)
- ***either*** A ***or*** B (AかBかどちらか)
- ***neither*** A ***nor*** B (AもBもどちらも〜ない)

これらが主語になった場合の, 動詞の形が問題だ。上の文で, 動詞が am である点に気をつけよう。

ジ： 当然でしょ。「責任があるのは私だ」って言ってるんだから。

い： 公式的に言えば, 上の4つの表現ではすべて, **動詞はBに一致させる**。

◎ Either Tom or I am wrong.
 (トムと私のどちらかが間違っている)

ジ： 「どちらか一方」だから, 単数で受けるのはわかるけど, is を使っちゃダメなの？

い： いや,「Bに一致させる」わけだから, am が正しい。ただし, 実際には次のように言うのが普通だ。

◎ Either Tom is wrong or I am (wrong).

186

なお，次の例も見ておこう。

(a) <u>Either</u> answer <u>is</u> correct.
(b) <u>Either of</u> the answers is [are] correct.

2つとも「どちらかの答えが正しい」の意味だ。(a)のeitherは形容詞で，動詞は単数で受ける。(b)のeitherは代名詞で，answers が複数形になっている点に気をつけよう。動詞は原則として単数で受けるが，answers に影響されて複数で受けることもある。

ジ： なんか，すごく複雑なんすけど。それに，「AだけでなくBも」だったら，複数で受けるべきじゃないの？

い： いや，意味の重点はBの方にあるから，Bに合わせるのが原則だ。

◎ <u>Not only he but (also) I am</u> against the plan.
（彼だけでなく私も，その案には反対です）

一方，〈both A and B〉（AもBも両方）のときは，複数で受ければいい。

◎ <u>Both he and I are</u> against the plan.

ついでに言うと，every・each は単数扱いだ。

◎ <u>Every</u> student <u>has</u> to take the exam.
（学生は全員その試験を受けねばならない）

ジ：「全員」なら複数じゃん。

い： 意味的にはそうだが，every は全体を構成する個々のメンバーに注目する言い方だから，単数で受けるんだ。ただし，every を指す代名詞は they を使うことも多い。

◎ <u>Every</u> parent <u>thinks their</u> baby is cute.
（すべての親は自分の赤ん坊が可愛いと思う）

point 78 その他の接続詞

> I'll finish my job **by the time** you come back.
> （君が戻ってくるまでに仕事を終えるよ）

い： 上の文は，by the time が「〜するまでに」という意味の接続詞として使われている。

ジ： あんまり接続詞っぽくないけど。

い： time を含む接続詞は，ほかにもいろいろある。

- ◎ ***Every [Each] time*** I call him, he is out.
  （私が電話するたびに，彼は留守だ）
- ◎ ***Next time*** I'm born, I want to be my wife.
  （今度生まれるときは，私の妻になりたい）

ジ： 2つ目の文，意味がなんかヘン。作者の願望？

い： そのほか，名詞や副詞から転用された接続詞もある。

ジ： 無視かよ！

い： たとえば，こんなのだ。

- ◎ ***The moment*** [= As soon as] I saw her, I fell in love.
  （彼女を一目見たとたん，私は恋に落ちた）
- ◎ ***Once*** a bad habit is formed, it is difficult to get rid of it.
  （いったん悪い癖がつくと，抜け出すのは難しい）
- ◎ ***Now (that)*** you're a grown-up, you should not read comics.
  （君はもう大人なのだから，マンガは読まない方がいい）

188

作：余計なお世話だ。

ジ：あれ,「作」って何？

い：さあ？　作者じゃないのか。

ジ：作者って…

い：このほか，日常会話でもよく出てくる接続詞をまとめておこう。

◎ Mariko is a good singer, ***while*** her sister isn't.
（マリコは歌が上手だが，一方妹は上手ではない）

◎ Put back the book ***where*** you found it.
（その本をもとあったところに戻しなさい）

◎ Take your umbrella ***in case*** it rains.
（雨が降るといけないから，傘を持って行きなさい）

◎ You can use my car ***as long as*** you return it by Friday.
（金曜日までに戻してくれる限り，ぼくの車を使っていいよ）

第4日　関係詞・接続詞　189

point 79 that の用法のまとめ

> The trouble is ***that*** we are short of money.
> (困ったことに，私たちにはお金が足りない)

い：that には「それ」「あの」など指示語としての働きもあるが，ここでは節を作る that をまとめておこう。

ジ：節って，何だっけ？

い：今までに何度も出てきただろ？ 〈S + V〉の構造を含み，まとまった意味を表すものを「節」と言うんだ（〈S + V〉の構造を含まないものは「句」）。節には，名詞節・形容詞節・副詞節の3種類があって，that はそれら全部を作ることができる。

① that（接続詞）が名詞節を作る例：上の例文
→ that は「〜ということ」という意味の接続詞。

② that（関係代名詞）が形容詞節を作る例：
◎ The movie that I like best is Star Wars.
(私が一番好きな映画は，スターウォーズだ)

③ that（接続詞）が副詞節を作る例：
◎ He must be mad that he should buy the stock.
(その株を買うとは，彼は頭がおかしいにちがいない)
→この文は，He must be mad to buy the stock. と言い換えられる（to buy は「判断の根拠」を表す副詞用法の不定詞）。【→ point23】

ジ：こんな文法用語，覚えたくない。

い：意味が区別できないと困るだろ。次の点も大切だ。

★〈It is □ that ～〉の識別
(A) □＝**形容詞**のとき → **形式主語構文**
(B) □＝**代名詞・副詞（句／節）**のとき → **強調構文**
(C) □＝**名詞（句）**のとき → どちらの場合もある。

◎ It is certain that Ichiro will be elected captain.
（一郎が主将に選ばれるのは確実だ）〈(A)：形式主語〉

◎ It was yesterday that the accident occurred.
（事故が起きたのはきのうのことだ）〈(B)：強調構文〉

◎ It is a well-known fact that women live longer than men.〈(C)：形式主語〉
（女が男より長生きなのは，よく知られた事実だ）

※形式主語構文に使う名詞句は，no wonder・a matter of course・a (well-known) fact など。

◎ It is this key that I've been looking for.
（私が探していたのはこの鍵です）〈(C)：強調構文〉

ついでに，次の that ももう一度確認しておこう。

◎ There is little hope that he will recover.
（彼が回復する見込みはほとんどない）〈同格節〉

◎ It seems that he has failed in business.
（彼は事業に失敗したらしい）

まあ，that こんなもんだ。

ジ：は？

い：いや，「ざっと」を that とかけて…

ジ：オヤジギャクを解説するなー！

point 80 「後置修飾」のまとめ

***Students arriving late** can't enter the hall.*
（遅れて来る学生はホールへは入れない）

い：「名詞＋修飾語句」の関係を，「後置修飾」と言う。いろんなパターンがあるので，主なものをまとめておこう。どれも，下線部が　　の名詞を修飾する構造になっている。

① 名詞＋前置詞句
◎ The building across the street is a bank.
（通りの向こう側の建物は銀行です）

② 名詞＋形容詞（句）
◎ Mr. Tanaka is a gentleman worthy of respect.
（田中氏は尊敬に値する紳士です）

③ 名詞＋不定詞
◎ My uncle made a promise to take me to the zoo.
（おじさんはぼくを動物園に連れて行ってくれる約束をした）

④ 名詞＋現在分詞
◎ The number of foreign tourists coming to Japan is increasing.
（日本に来る外国人旅行者の数は増えつつある）

⑤ 名詞＋過去分詞
◎ The passengers injured in the accident were carried

to the hospital.
　　（事故でけがをした乗客たちは、病院へ運ばれた）
⑥ 名詞＋関係詞節
　　◎ I don't like people <u>who lose their tempers easily</u>.
　　（私はすぐに腹を立てる人はきらいです）
　　◎ The book <u>he lent me yesterday</u> was exciting.
　　（きのう彼が貸してくれた本は面白かった）

ジ：こうやって並べられると、何となくわかるけど。
い：中学から高校にかけての英語学習の中でも、後置修飾の関係を正しく理解できるかが、英語力上達の大きなカギになる。下の文の意味、わかるか？
　　◎ The best way to master English is to live in a country where it is spoken.
ジ：これ、どこが主語？
い：長い英文を解釈する際のポイントは、V（述語動詞）を探すことだ。Vが決まれば、普通はその前が全部S（主語）になる。この文では、to のついた master や live は Vにはなれないから、V ＝ is だとわかる。
　　◎ The best way <u>to master English</u> ***is*** to live in a country where it is spoken.
　　文全体の構造は〈S is C.（SはCである）〉の形だ。そこで、下線部が　　の名詞を修飾しているとわかる。結局、日本語訳はこうなるわけだ。
　　「英語を習得する最善の方法は、それ［英語］が話されている国に住むことである」

練習問題 第4日

A カッコ内に入る適当な語句を1つ選んでください。

(1) This is the room (　　) the author wrote novels.
　① which　② that　③ where　④ how
(2) August 6 is the day (　　) we can't forget.
　① which　② when　③ in which　④ on which
(3) The train was delayed. That's (　　) I was late.
　① why　② because　③ how　④ as
(4) I put on my glasses (　　) I could see better.
　① why　② as　③ so that　④ on which
(5) I was shocked by the news (　　) my uncle died.
　① that　② which　③ what　④ why

B カッコ内に適当な1語を入れてください。

(1) The trouble is (　　) he lacks common sense.
(2) He told us a long story, (　　) was very boring.
(3) I don't know (　　) she is married or not.
(4) Try to see things (　　) they really are.
(5) I have two aunts, one of (　　) is in the hospital now.
(6) (　　) is usual with him, he played sick again.
(7) I skipped lunch not because I didn't feel like eating (　　) because I didn't have time.

C カッコ内の語を適当に並べ換えてください。

(1) The [is, to, the, that, school, leads, road] very narrow.
   (学校へ通じる道路はとても狭い)
(2) It [who, secret, Bill, be, the, leaked, must].
   (秘密を漏らしたのはビルにちがいない)
(3) Tell [is, think, me, you, interesting, everything].
   (君が面白いと思うことは何でも話してくれ)
(4) What [you, is, is, for, necessary, patience].
   (君に必要なのは忍耐力だ)
(5) You can [interests, book, take, whichever, you].
   (君が興味のある本ならどれでも持って行けよ)

D 英訳を完成してください。

(1) 彼が同意しようとすまいと，私はこの案を実行します。
   _____, I will carry out this plan.
(2) 彼女はぼくの言うことなら何でもきく。
   She does _____.
(3) 私たちにできるのは彼の返事を待つことだけだ。
   All _____ his reply.

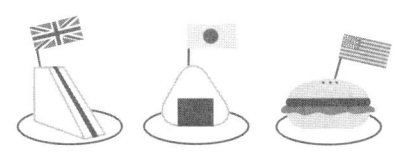

正解と解説

A

(1) ③ (2) ① (3) ① (4) ③ (5) ①

---

(1)「ここがその作家が小説を書いた部屋です」
　The author wrote novels <u>in the room</u>. から考える。
(2)「8月6日は私たちが忘れられない日です」
　We can't forget <u>the day</u>. から考える。この the day は目的語（名詞）だから，関係代名詞（which）で結びつける。
(3)「列車が遅れました。そういうわけで遅刻しました」
　That's why ～ ＝そういうわけで～
(4)「私はもっとよく見えるようにめがねをかけた」
　so that S can ～ ＝ S が～できるように
(5)「私はおじが死んだという知らせに驚いた」
　the news の後に同格関係を表す that 節を続けた形。

B

(1) that　(2) which　(3) whether / if　(4) as　(5) whom　(6) As　(7) but

(1)「困ったことに，彼には常識がない」
(2)「彼は私たちに長い話をしたが，それはとても退屈だった」
(3)「彼女が結婚しているかどうか私は知らない」
(4)「物事はありのままに見るようにしなさい」
(5)「私にはおばが2人いるが，そのうち1人が今入院して

いる」
(6)「彼にはよくあることだが，また仮病を使った」
(7)「私が昼食を抜いたのは，食べたくなかったからではなく，時間がなかったからだ」

C

(1) road that leads to the school is (2) must be Bill who leaked the secret (3) me everything you think is interesting (4) is necessary for you is patience (5) take whichever book interests you

---

(1) that は主格の関係代名詞で，前の road が先行詞。
(2) 〈It is ○○ who [that] ～〉（強調構文）の応用。
(3) 連鎖関係詞節。
(4) what は関係代名詞。〈What ～ you〉の部分が主部。
(5) whichever は「どちらの～でも」。whichever book が interests（～の興味を引く）の主語の働きをする。

D

(1) Whether he agrees or not (2) whatever [anything, everything] I tell her to (do) (3) (that) we can do is (to) wait for

---

(1) whether ～ or not ＝ ～であろうとなかろうと
(2) whatever ＝ ～することは何でも
(3) 直訳は「私たちにできるすべてのことは，彼の返事を待つことだ」。

第5日

その他の重要表現

point 81 可算名詞と不可算名詞

> She bought three pieces of *furniture*.
> (彼女は家具を 3 点買った)

い：名詞には，次の 5 つの種類がある。

名詞の種類	可算	例
普通名詞	○	dog（犬），country（国）
集合名詞	○×	family（家族），baggage（荷物）
物質名詞	×	water（水），bread（パン）
抽象名詞	×	love（愛），soccer（サッカー）
固有名詞	×	Tokyo（東京），Mr. Kato（加藤氏）

「可算」の欄の○は「数えられる（複数形にできる）名詞」，×は「数えられない名詞」だ。

ジ：サッカーは，抽象名詞なの？

い：サッカーは，物としての形を持たない抽象概念の一種だ。art（芸術）や work（仕事）も抽象名詞だな。

ジ：集合名詞と物質名詞が，よくわかんない。

い：物質名詞とは「自然物やその加工品」を表す名詞で，かつ「一定の形を持たないもの」を言う。wheat（小麦）も，その加工品である bread も，物質名詞だ。

ジ：パンには形があるじゃない。

い：焼き方によってどうにでも形が変わるだろ？ 同じ意味で，soap（石けん）や chalk（チョーク）も物質名詞だ。

次に集合名詞とは「人や物の集合体を表す名詞」で，次の3タイプに分類できる。

① 複数形にできるもの

◎ There are a lot of ***peoples*** in the world.

（世界には多くの民族がいる）

② 常に単数形で，複数扱いするもの

◎ The ***police*** are investigating the murder case.

（警察はその殺人事件を調べている）

③ 常に単数形で，単数扱いするもの

◎ He brought two pieces of ***baggage***.

（彼は2つの荷物を持って来た）

ジ：「2つの荷物」は，two baggages とは言わないの？

い：言わない。たとえば3つのバッグを持っていても，それ全体が1つの「荷物」だとも言える。baggage や，最初に挙げた furniture（家具）が集合名詞なのは，そういう理屈だ。数えられない名詞の個数を表すときは，a piece of などを使って表現すればいい。

- a piece [slice] of bread （パン1切れ）
- two cups of coffee （コーヒー2杯）
- three pieces [articles] of furniture （家具3点）

また，***work***（仕事），***homework***（宿題），***news***（知らせ），***information***（情報），***weather***（天気），***breakfast***（朝食）などは抽象名詞だから，前に a/an をつけたり，複数形にしたりしてはいけない。日本人は特に間違えやすいので，十分気をつけよう。

point 82 冠詞の用法

> I came here **by car**.
> (私は車でここへ来ました)

い：冠詞の使い方で日本人がよく間違えるのは,「the を使いすぎる」ことだ。
  (a) He is <u>the</u> athlete who achieved the world record.
   (彼は世界記録を達成した選手だ)
  (b) He is <u>an</u> athlete who achieved the qualifying time.
   (彼は標準記録を突破した選手だ)
  (a)が the athlete なのは,「世界記録を達成した選手」が彼 1 人だからだ。一方, (b)が an athlete なのは,「彼は標準記録を突破した（大勢の）選手のうちの 1 人だ」の意味だからだ。

ジ：こんなの, 学校で習ってない。

い：学校で習う「冠詞の用法」の大半は, 一種の慣用表現だ。本当はもっと大切なことがたくさんあるんだが, 高校の文法をなぞって説明しよう。まず, 次の点だ。
  ★抽象的な意味の名詞は, 無冠詞で使う。
  たとえば go to <u>school</u> が無冠詞なのは,「教育の場としての学校」という抽象的な意味で使われているからだ。watch <u>television</u> の場合も, 見るのはテレビの受像機ではなく, テレビ番組という抽象物だ。

ジ：でも、「大学へ行く」は go to the university だし、「ラジオを聞く」は listen to the radio じゃないの？

い：そこらへんは、慣用の問題として丸暗記しておけ。

ジ：なんか、いいかげんだなー。

い：最初の例文の by car（車で）の car も、「車という交通手段」という抽象的な意味で使われている。次の例も、理屈は同じだ。

◎ He will be elected captain.（彼は主将に選ばれた）

captain が無冠詞なのは、「主将の職」という抽象的な意味を含むからだ。elect（選ぶ），appoint（任命する）などの後にCとして captain, chairman（議長）などの語を置くときは、その語は普通、無冠詞にする。

ジ：「冠詞をつけない」って話ばっかじゃん。

い：じゃあ、a/an と the の主な使い方だけ、見ておこう。

◎ I go to the English class once a week.
（私は週に1回その英語学校へ通っています）
※ a = 〜につき（per）

◎ The part-timers are paid by the day.
（パートさんたちは日給制だ）
※ the は「単位」を表す。

◎ He kissed her on the cheek.
（彼は彼女の頬にキスした）
※まず「彼女にキスした」と言い、その後ろに「頬の部分に」と付け加えた言い方。hit 人 on the head（〜の頭をぶつ），look 人 in the face（〜の顔を見つめる）など、類例多数。

point 83 前の名詞を受ける代名詞

> I've lost my camera, so I'll buy **one**.
> (カメラをなくしたので，1つ買うつもりだ)

い： この one は，前に出てきた名詞 (a camera) の繰り返しを避けるために使われている。

ジ： one の代わりに，it だとダメなの？

い： それだと「なくしたカメラを買う」ことになっちゃうだろ。one は「不特定の1つ」を表すんだ。

ジ： じゃあ，いつでも「one = a ＋名詞」ってこと？

い： いや，one にはこういう使い方もある。

(a) I don't like this tie. Show that blue <u>one</u>, please.
(このネクタイは気に入らない。あの青いのを見せてください)

(b) Do you like the white roses or the red <u>ones</u>?
(白いバラと赤いバラのどちらをお好みですか)

(a)では one = tie，(b)では ones = roses だ。

ジ： じゃあ，複数のものには ones を使えるの？

い： そうだ。ただし，one が使えない場合もある。

◎ I prefer white wine to red <u>wine</u> [× one].
(私は赤ワインよりも白ワインの方が好きだ)

この場合，red one とは言えない (red wine を単に red と言うのは可)。なぜなら，one は「数えられる名詞」にし

か使えないからだ。

ジ：まあ，そりゃそうでしょ。「1つ」ってくらいだから。

い：ついでに，前の名詞を受ける代名詞の that についても説明しておこう。

◎ The climate of Izu is milder than ***that of*** Tokyo.
（伊豆の気候は東京よりも温暖です）

この文では，「伊豆の気候」と「東京の気候」が比べられている。「東京の気候」は the climate of Tokyo でもいいけど，climate の繰り返しを避けるために，that of Tokyo と言うことができる。この用法の that は，**〈that of ＋名詞〉**の形で使うことが多い。

ジ：that の代わりに one を使うのは？

い：さっきも言ったように，one は「不特定のもの」を指すから，the のついた名詞を受けることはできない。それから，that の複数形 those が，「人々」の意味で使われることがある。

◎ ***Those who*** are lazy will never succeed.
（怠け者は決して成功しない）

この those は people の意味で，**〈those who ～＝～する人々〉**という形でよく使う。Heaven helps those who help themselves.（天は自ら助くるものを助く）ということわざもある。

ジ：日本語の意味がわかんない。

い：だ～めだ，こりゃ。

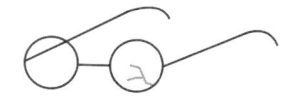

Point 84 other の用法

> **Some** staff members speak English, and **others** French.
> (スタッフの中には英語を話す者もいれば、フランス語を話す者もいる)

い：代名詞の other には、4つのパターンがある。まず、単数の場合だ。

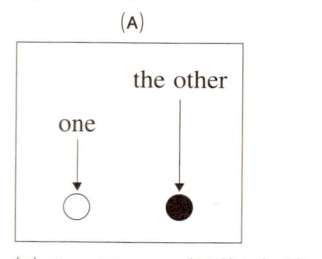

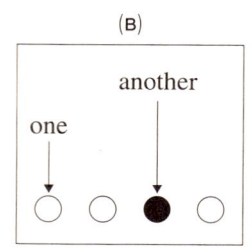

(A)
one → ○　　the other → ●

(B)
one → ○　　another → ●　　○

(A) **the other** =（最後に）残った1つ
(B) **another** = 残りのうちのどれか1つ

ジ：the another とは言わないの？

い：よく形を見てみろ！ another = an + other だ。an の前に the がつくわけないだろ。

◎ I have three brothers; <u>one</u> lives in Osaka, <u>another</u> (lives) in Nagoya, and <u>the other</u> (lives) in Chiba.
（私には3人の兄弟がいて、1人は大阪に、もう1人

は名古屋に，残りの1人は千葉に住んでいる）

この例では，「（1人目を除いた）2人のうちのどちらか一方が名古屋に住んでいる」だから, another in Nagoya と言う。でも3人目は「残りの1人」と特定できるから，the other in Chiba となるわけだ。次は，複数形の others の使い方を見てみよう。

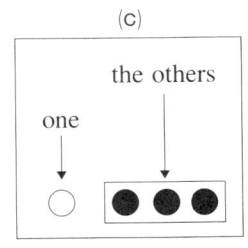

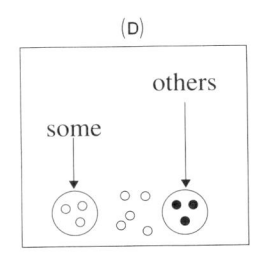

(C)
one → ○
the others → ● ● ●

(D)
some → ●●● ° ° ° ●●● ← others

(C) ***the others*** ＝（最後に）残った全部
(D) ***others*** ＝ 残りのうちのいくつか

the others は the other の複数形, others は another の複数形だと思えばいい。

◎ I have three brothers; one lives in Osaka, and <u>the others</u> (live) in Chiba.

（私には3人の兄弟がいて，1人は大阪に，残りの2人は千葉に住んでいる）

最初に挙げた例文は(D)のパターンだが，次の形で覚えておこう。

★ Some ～, others ....
　＝～なものもあれば…なものもある

point 85 数量を表す形容詞

How *large* is the population of this city?
（この市の人口はどれくらいですか）

い：how large は「どのくらいの大きさか」を尋ねる疑問詞だ。

ジ：これ，how many とか how much じゃだめなの？

い：そこが，今回のポイントだ。次の例で説明しよう。

◎ The price of this camera is very <u>low</u> [× <u>cheap</u>].
（このカメラの値段はとても安い）

「このカメラはとても安い」は，This camera is very cheap. と表現できる。しかし，「カメラの値段（price）」が主語のときは，cheap でなく low（低い）を使う。つまり，low price は正しいが，cheap price とは言えない。

ジ：なぜ？ 「安い値段」だから cheap price でいいじゃん。

い：cheap 自体が「値段の点で低い」という意味を含んでいる。だから，cheap price だと「<u>値段</u>が低い<u>値</u>」となって，値段の概念が重複してしまう。同じように many population だと，「<u>数</u>が多い」＋「人の<u>数</u>」となって，「数」の概念が重複する。だから，large population（大きい＋人の数 → 多い人口）とする。このように，それ自体が数量や金額の意味を含んでいる名詞については，「多い」の意味は *large* や *high* で，「少ない」の意味は *small* や *low* で表すのが原則だ。

ジ：それは，どんな名詞？

い：***salary***（給料），***income***（収入），***population***（人口），***number***（数），***amount***（量）などだ。たとえば「たくさんの給料」は，much salary じゃなくて high [large] salary と言う。「少ない数」なら small number だ。

ジ：そう言えば，a large number of とか言うよね。

い：そうだ。ついでに，**「たくさんの～」**に当たる表現をまとめておこう。

① 数えられる名詞の前に置くもの
- ***many, a lot of, lots of, plenty of***
- ***not [quite] a few***
- ***a number of***
- ***a large [great, good] number of***

② 数えられない名詞の前に置くもの
- ***much, a lot of, lots of, plenty of***
- ***not [quite] a little***
- ***a large amount [quantity] of***
- ***a great [good] deal [amount] of***
- ***a large sum of***（＋金額）

また，great の代わりに ***huge***，***vast***，***enormous*** などを使うこともある。

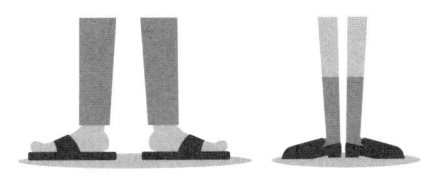

point 86 比較構文のバリエーション

> The job was *more* difficult *than I had expected*.
> (その仕事は私が思っていたよりも難しかった)

い: ここからは,比較の話だ。英語を読んだり話したりするとき,このタイプの表現は非常によく出てくる。

ジ: 普通の比較級とは,ちょっと違う感じ。

い: まず,次の2つを比べてみよう。

(a) Today is hotter than yesterday.
(b) It is hotter today than (it was) yesterday.

どちらも,「今日はきのうより暑い」の意味だ。

ジ: (a)はわかりやすいけど,(b)はよくわかんない。

い: (b)では「今日の暑さ」と「きのうの暑さ」とが比較されている。it was は省略できるが,文の形を整えるために入れることが多いんだ。

ジ: (b)で,～ than it was hot yesterday とは言えないの?

い: それはダメ。次の例を見てみよう。

◎ My son is older than your son is ~~old~~.
(私の息子は君の息子よりも年上だ)

older は「年齢が上だ」の意味で,2人が5歳と3歳でもこの文は成り立つ。your son is old (君の息子は年寄りだ) と言ってるわけじゃない。図式的に言えば,こういうことだ。

210

- My son is ［～歳だ］ ＞ your son is ［～歳だ］.

ここまでの話を前提にして，最初の文をもう一度見てみよう。

◎ The job was more difficult than I had expected (it would [to] be).

カッコ内を加えてもかまわない。これを上の図式に当てはめて言うと，こうなる。

- The job was ［～の難しさだ］ ＞ I expected it would be ［～の難しさだ］.

気をつけたいのは，I had expected it would be difficult.（私はそれが難しいと思っていた）ではない，ってことだ。話し手は，その仕事が簡単だと予想していたのかもしれない。「私の思っていた『難しさの度合い』を超えていた」と言っているにすぎないわけだ。

ジ： もっと例がないと，わかんないよ。

い： じゃあ，類例を出しておこう。

◎ She looks younger than she (really) is.
　（彼女は（本当の）年よりも若く見える）

◎ She is younger than you think (she is).
　（彼女は君が思っているよりも若いよ）

◎ This quiz is not so easy as you imagine it to be.
　（このクイズは君が想像するほど簡単ではない）

たとえば一番上の例は，「彼女の見かけの若さの度合い ＞ 彼女の実際の若さの度合い」という意味を表す。彼女の年齢が80歳であってもかまわないわけだ。

point 87 最上級の意味を表す原級・比較級

> ***Nothing*** is ***more*** precious ***than*** health.
> （健康ほど貴重なものはない）

い： オレも高校生の頃，さんざんやらされたよ。比較の書き換え。たとえば，こんなやつだ。

(a) He doesn't work <u>as</u> hard <u>as</u> you.
 → (b) He works <u>less</u> hard <u>than</u> you.
  （彼は君ほど熱心に働かない）

ジ： あたしも，こういうの学校でやったことあるよ。

い： でも，こんなこと習っても，実用の役には立たない。上の例だと，(a)の方が(b)よりはるかに自然な英語なんだから，(a)の表現だけ覚えておけば十分だ。

ジ： じゃあ，あれは？　ほら，「富士山は日本で一番高い山だ」ってやつ。

い： Mt. Fuji is the highest mountain in Japan. でいいじゃねえか。

ジ： だから，それを比較級とかで言い換えるやつ。

い： 確かに，こういう言い方もできるさ。

◎ Mt. Fuji is <u>higher than any other</u> mountain in Japan.
◎ <u>No other</u> mountain in Japan is <u>as high as</u> Mt. Fuji.
でも，最上級が使えればそれでいいじゃん。

ジ： なんか，投げやりだなー。

い：ところで，最初に挙げた文のことだが。

◎ <u>Nothing</u> is <u>more precious than</u> health.

これは，Health is <u>the most precious</u> thing. を比較級で言い換えたものだ。

ジ：こら！「最上級が使えればいい」って，自分で言ったばっかじゃん！

い：いや，ちょっと待て。この形だけは応用範囲が広いから，覚えておこう。たとえば，こんなのだ。

◎ <u>Nowhere</u> in Japan is the sea <u>more</u> beautiful <u>than</u> in Okinawa [<u>as</u> beautiful <u>as</u> in Okinawa].

（日本で沖縄ほど海がきれいなところはない）

この文は，nowhere と in Okinawa を比較した形で，実質的に最上級の意味を表している。is the sea の語順についてはあとで説明する。【→ point95】

さらに，次の文の意味がわかるか？

◎ No sisters could be more alike.

ジ：「姉妹はより似ることができない」？

い：正解は「あれほど似ている姉妹は他にいない」だ。文の最後に than them を補って考えればいい。比較級では，こんなふうに**比較の対象が省略されている**場合もあるので気をつけよう。「大したことじゃないよ」と相手をなぐさめるとき，I've seen worse. という言い方がある。これも「（それよりも）悪いことを見たことがある」という意味と考えれば理解できるだろう。

point 88 the ＋比較級＋ of the two
（2つのうちで～な方）

My sister is ***the taller of the two*** girls.
（姉は、2人の女の子のうちで背の高い方です）

ジ：比較級には，the はつかないんじゃないの？
い：なぜ？
ジ：え，よくわかんないけど，普通ついてないじゃん。
い：確かに，He is taller than I. の taller には the はつかない。なぜかと言えば，the をつけるべき名詞がないからだ。当たり前のことだけど，the は名詞の前に置くものだ。最上級の場合で説明してみよう。

◎ He is the tallest ▲ in the team.
（彼はチーム一の長身選手だ）

この the は，▲のところに省略された名詞（たとえば player）についている，と考えるわけだ。なぜ the なのかと言えば，「一番背が高い」と言えば，特定の1人を指すことになるからだ。

◎ He runs fastest in the team.
（彼はチーム一の俊足だ）

この例の場合，fastest（副詞）の後に名詞が省略されているとは言えないから，the はつけない…とオレたちの時代は学校で習ったが，実際には the fastest と言うことも多い。

ジ：じゃ，最初の文も同じ理屈なの？

い：そうだ。

◎ My sister is <u>the</u> <u>taller</u> ▲ of the two girls.

この▲のところに，たとえば girl という名詞が省略されていると思えばいい。「2人のうちで背の高い方」と言えばどちらか一方に特定されるから，the がつく理屈だ。

ジ：これ，最上級を使って，こう言っちゃダメなの？

◎ My sister is <u>the tallest</u> of the two girls.

い：「2人のうちで一番背が高い」は，意味的にヘンだ。ただし，口語ではそういう言い方をすることもある。

ジ：なんか，「口語なら何でもあり」みたいに聞こえるんだけど。

い：実際，そうだ。「ネットなら何でもあり」と言ってもいい。今はインターネットで英語表現の頻度検索が簡単にできるから，試しに何か入力してみるといい。たとえば，〈will have being〉のような「文法上あり得ない形」で検索しても，1万件以上ヒットする。

ジ：じゃあ，文法なんか勉強しなくていいじゃん。

い：そうかもなあ。まあ，この本が売れれば，どっちでもいいや。

ジ：ひでー！

い：いや，ウソウソ。文法は大切だよ，諸君。

point 89 the ＋比較級（それだけいっそう～）

The older we grow, ***the poorer*** our sight becomes.
（年をとればとるほど，視力は弱くなる）

い：まず，次の形を覚えておこう。

★ **The ＋比較級＋ S ＋ V, the ＋比較級＋ S ＋ V.**
  ＝ ～すればするほど…

ジ：この the は，さっきのやつとは違う感じ。

い：そうだ。この場合は，比較級の後に名詞が省略されているとは言えない。実はこの the は特殊な用法で，「それだけいっそう」の意味を表すんだ。なお，上の文は，as（～するにつれて）を使って次のように表すこともできる。

◎ As we grow old(er), our sight becomes poor(er).

ジ：この場合は，比較級の前に the はつかないの？

い：the がつくのは，上のように2つの〈the ＋比較級〉がペアで使われたときだけだ。この型の表現では，〈S ＋ V〉が省略されることもある。

◎ The sooner, the better.
　（早ければ早いほどよい）

じゃ，1つ問題だ。「君は勉強すればするほど頭がよくなるだろう」を英語で言ってみよう。

ジ：えーと，The studyer ...

い：こらこら。

216

ジ：なんで？　「勉強すればするほど」でしょ？

い：study は動詞だ！　動詞の比較級なんかあるか！

ジ：でも work の活用は，work — worker — workest じゃないっけ？

い：読者を混乱させるようなこと言うな！　worker は「労働者」の意味で，比較級でも何でもない。workest なんて単語はねえよ！

ジ：じゃあ，何を比較級にすればいいのよ？

い：正解は，こうだ。

　◎ The more you study, the wiser you will become.

たとえば「君はよく勉強する」は，You study very much. だから，この much の比較級 more を使えばいい。The more の代わりに The harder でもＯＫだ。

〈the ＋比較級〉が「それだけいっそう」の意味を表す例を，もう１つ見ておこう。

　◎ I'll help you (all) the more willingly because I know your wife.

　　（君の奥さんを知っているので，いっそう喜んで君を手伝おう）

ジ：奥さんとできてるのか，こいつ？

い：おまえ，そんなのばっかりだな。高校ではこの形を，次のように暗記させられるはずだ。覚えとけ！

★ (all) the ＋比較級＋ because[for] 〜＝〜だからますます…

※ all は強調の副詞。省略してもよい。

point 90 数字に関する表現

> About ***two-thirds*** of my co-workers are women.
> （私の同僚の約 3 分の 2 は女性です）

い： ここでは，数字の使い方の基本を覚えよう。どんどん問題を出すから，英語に直すように。

① 200ドル　② 5万円

ジ： えっ？ えっ？ いきなり？ えーと…①は two hundred dollar かな？ あれ？ two hundreds dollar だっけ？

い： ブー，時間切れ！ ①は two <u>hundred</u> dollars だ。hundred や thousand の前に数字がついても，複数形にはしない。じゃあ，②は？

ジ： five…じゃない，fifty thousand yens ！

い： 違う。fifty thousand <u>yen</u> だ。yen は複数形も yen。Japanese（日本人）と同じで，単複同形だ。次！

③ 0.8メートル　④ 1.2メートル

ジ： 「点」って，point だっけ？ じゃあ，①は，zero point eight meter で，②は one point two meter だ。

い： ①は正解。②は one point two <u>meters</u> だ。「1 より大きい数字」が前につくときは，複数形にするんだ。次。

⑤ 2分の1　⑥ 3分の1　⑦ 5分の3

ジ： ⑤は，a half。あとは，わかんね！

い： 分数は，「分子＋ハイフン＋分母」の形で表す。このと

き，分母は序数詞（「～番目」の意味を表す数詞）を使い，分子が2以上なら複数形にする。だから⑥は one-third。⑦は three-fifths だ。なお，「4分の3」は three-fourths でもいいが，quarter（4分の1）を使って three quarters とも言う。次は，読み方だ。

⑧ 2006年 ⑨ 1980年代 ⑩ 第二次世界大戦

ジ：⑧は，two thousand six かな？ ⑨は「1980年」なら nineteen eighty だと思うけど。⑩は，何だよこれ！

い：⑧は正解。⑨は，nineteen eighties と複数形にする。⑩を英語で書くと World War II で，the はつけない。II の読み方は，two だ（(the) second ではない）。次。

⑪ 3＋6＝9 ⑫ 8－2＝6
⑬ 3×4＝12 ⑭ 10÷2＝5

ジ：⑪は，Three plus six is nine. かな？

い：ブー。時間切れ。

ジ：おい！

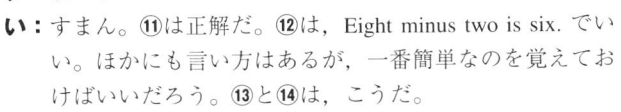

い：すまん。⑪は正解だ。⑫は，Eight minus two is six. でいい。ほかにも言い方はあるが，一番簡単なのを覚えておけばいいだろう。⑬と⑭は，こうだ。

　◎ Three times four is twelve.（3×4＝12）
　◎ Two into ten is five.（10÷2＝5）

別の言い方をすれば，こうも言える。

　◎ Three multiplied by four is twelve.（3×4＝12）
　◎ Ten divided by two is five.（10÷2＝5）

それぞれ，「4によって掛けられた3は12だ」「2によって割られた10は5だ」の意味だ。

point 91 very と much

His income is ***much higher*** than mine.
（彼の収入は私の収入よりもずっと高い）

い：「強調」と聞いて，最初に思い浮かぶ単語は何だ？

ジ：強調っていうと，「非常に～」とかいう意味でしょ。だったら，very かな。

い：じゃあ，very と much の違いは何だ？

ジ：さあ。Thank you very much. って言うくらいだから，どっちも同じじゃないの？

い：じゃあ，「彼は大金持ちだ」を，He is rich very much. と言えるか？

ジ：別に，問題ないと思うけど。

い：大ありだ！　正解は He is very rich. だ。つまり，very と much には役割分担があるわけだ。

| very ＋ | 形容詞・副詞 |
| much ＋ | 動詞・過去分詞・比較級・最上級 |

Thank you very much. の場合，very は much（副詞）を修飾し，very much 全体が thank（動詞）を修飾する，という理屈になる。rich は形容詞だから，much で修飾することはできない。

ジ：じゃあ，Thank you much. でもいいの？　これでも much が thank を修飾することになるから。

い：いや，動詞を修飾するのはふつう very much であって，単独で much を使うことはない。問題は，比較級・最上級を強調する much だ。

◎ I feel ***much*** better today than yesterday.
（今日はきのうよりずっと気分がいい）

◎ He is ***much*** the richest of all the Diet members.
（彼は全国会議員の中で断トツの金持ちだ）

ジ：much 以外の単語は使えないの？

い：比較級の場合，***far***，***still***，***even*** などが使えるが，使い方が多少違う。次の ___ の中に入る語を考えてみよう。

◎ The climate of Kouchi is ___ milder than that of Hokkaido.
（高知の気候は北海道の気候よりもずっと温暖だ）

ジ：どれを入れてもいいんじゃないの？

い：ノー。much と far はＯＫだが，still と even を入れるのは不自然だ。これらは「なおいっそう」の意味だから，「高知も北海道も温暖な気候だが，高知の方がいっそう温暖だ」という意味を表すことになる。でも，北海道の気候は温暖とは言えないだろ？

ジ：そんなの，知らなかった。

い：覚えとけ。最上級の場合は，much か ***by far*** を使うのが普通だ。ただし，例外として次の言い方もできる。

◎ This is her very best album.
（これは彼女の断然最高のアルバムだ）

very は本来最上級を修飾できないが，very best は慣用表現として認められている。

Point 92 副詞と語順①

> They made a plan, but didn't ***carry it out***.
> (彼らは計画を立てたが，それを実行しなかった)

い：たとえば，「～を身につける［着る］」は，***put on*** だ。では，「シャツを着なさい」は何と言う？

ジ：Put on your shirt. でしょ。

い：正解。では，「それ（it）を着なさい」は？

ジ：Put on it. でいいんじゃないの？

い：間違い。正しくは，Put it on. だ。では，次。「～に乗る」は，***get on*** だ。では，「バスに乗ろう」は？

ジ：Let's get on the bus.

い：正解。では，「それに乗ろう」は？

ジ：Let's get it on. でしょ？　あたしだって，学習しますよ。

い：はずれ。正解は Let's get on it. でした。やーい。

ジ：おまえは小学生かー！

い：説明しよう。put on は〈動詞＋副詞〉，get on は〈動詞＋前置詞〉という組み合わせになっている。

ジ：そんなの，どうやって見分けりゃいいのよ？

い：その話は後回しだ。〈get on 型〉では，get on the bus，get on it のように，目的語が名詞でも代名詞でも後ろに置く。一方〈put on 型〉の場合は，こうなる。

- put on one's shirt（○）／ put one's shirt on（○）

- put on it（×）/ put it on（○）

つまり，こういうことだ。

★「動詞＋副詞」の形の他動詞では，代名詞の目的語はその間にはさむ。

〈put on 型〉の他動詞には，次のようなものがある。
- ***take off***（〜を脱ぐ）
- ***put off***（〜を延期する）
- ***give up***（〜をあきらめる）
- ***use up***（〜を使い果たす）
- ***carry out***（〜を実行する）

ジ：で，見分け方は？

い：前置詞は，もともと副詞と同じものだったんだ。だから，どちらの意味でも使える場合も多い。たとえば，

(a) climb up a ladder（はしごを登る）
(b) look up at a star（星を見上げる）

(a)の up は前置詞，(b)の up は副詞だ。***on***, ***off***, ***in***, ***out***, ***up***, ***down*** などが，前置詞・副詞の両方に使える語だ。

ジ：だから，それをどう見分けりゃいいのよ？

い：「○○を〜する」と訳せるときは副詞，そうでないときは前置詞だと思っていい。

(a) We had to call off the game.〈off：副詞〉
　（私たちは試合を中止しなければならなかった）
(b) The button came off my jacket.〈off：前置詞〉
　（上着のボタンが取れた）

(a)は「試合を中止する」だから副詞，(b)は「上着から外れる」だから前置詞，ってわけだ。

point 93 副詞と語順②

This is **too expensive a camera** for me.
（これは私には高価すぎるカメラだ）

い： まず，このルールを紹介しておこう。

★ **as, so, how, too の後は，〈形容詞＋ a[an] ＋名詞〉の語順になる。**

だから，上の文の a の位置に気をつけな，ってこと。

ジ： でもさー。上の文って，こう言えばいいんじゃないの？

　◎ This camera is too expensive for me.

い： そのとおり。実は，上のルールをどうしても使わねばならないケースはほとんどない。たとえば…

　◎ How cute a cat it is!
　　→ What a cute cat it is!
　　（何てかわいいネコだろう）

　◎ I can't buy so expensive a car.
　　→ I can't buy such an expensive car.
　　（そんな高価な車は買えないよ）

それぞれ，上の文は下のように言い換える方が自然だ。
そういう意味では，上のルールは必要ない。

ジ： そんなもん，なんで教えるのよ？

い： 言い換えが難しい例も，ないわけじゃない。たとえば，次の文だ。

◎ He is <u>as excellent a scholar</u> as ever lived.
(彼は古来まれにみる優秀な学者だ)

しかし，たいていは上のルールを知らなくても間に合う。ところで，a や an がつけられない名詞のときは，どうなるか？　たとえば名詞が複数形の場合だ。

(a) How beautiful <u>a flower</u> this is!　(○)

(b) How beautiful <u>flowers</u> these are!　(×)

(a)はセーフだが，(b)はアウトだ。

ジ：えー，なんで？　単数が複数になっただけじゃん。

い：最初に挙げたルールでは，<u>a[an]</u> が必須なんだ。(b)は，How でなく What を使うのが正しい。次の文も同じ理屈だ。

◎ I've never seen <u>so</u> beautiful <u>a</u> flower.
　[＝ I've never seen <u>such</u> a beautiful flower.]
(こんな美しい花は今までに見たことがない)

この a flower を flowers にすると，こうなる。

◎ I've never seen <u>such</u> [× <u>so</u>] beautiful flowers.

話のついでに，間違えやすい冠詞の語順を確認しておこう。所有格（my, his など）も，冠詞と同じだと思えばいい。

× <u>the</u> all students　→　○ all <u>the</u> students
× <u>my</u> all money　→　○ all <u>my</u> money
× <u>a</u> half hour　→　○ half <u>an</u> hour
× <u>his</u> both parents　→　○ both <u>his</u> parents

第5日　その他の重要表現　225

point 94 「相づち」の表現

"I'm hungry." "**So am I.**"
(「おなかがすいた」「ぼくもだ」)

い：相手の発言に対して,「私もそうです」と相づちを打つ表現を勉強しよう。

ジ：「ぼくもおなかがすいた」は,I'm hungry, too. でいいじゃん。

い：もちろん,それも正しい言い方だ。でも,so を使って上のように言うこともできる。I think so. (そう思います) なんかの so と同じだ。

ジ：でも,なんで so が最初にあって,しかも am I って語順なの? これじゃ,疑問文みたいじゃん。

い：英語では「文の最後に置かれたものに意味の重点がある」という原則がある。So am I. の場合, I を強く読んで,「ぼくもそうなんだよ」の「ぼくも」を強調するわけだ。

ジ：前に「英語では大切な情報を前に出す」とか,言ってなかったっけ?

い：確かにそうだ。主語を短くしたり, not をなるべく前に出したりするのは,その例と言える。だけど,それとは別に「文末焦点の原則」ってのもあるんだ。たとえば,次の2つを比べてみよう。

(a) Tom gave Mary a ring.

(b) Tom gave the ring to <u>Mary</u>.

(a)は「トムがメアリにあげたのは指輪だ」，(b)は「トムがその指輪をあげた相手はメアリだ」の意味を表す。それぞれ，下線の語句に意味の重点があるからだ。

ジ：で，So am I. の話は？

い：次のように，まとめて覚えておこう。

★肯定文への相づち：
① S + V, ***too***.　② ***So*** + V + S.

★否定文への相づち：
① S + ***not*** V, ***either***.　② ***Neither*** + V + S.

ジ：「否定文」っていうのは？

い：たとえば I'm not hungry. に対して「ぼくもおなかはすいていない」と答える場合は，こうなる。

① I'm <u>not</u> hungry, either.　② <u>Neither</u> am I.

ジ：I'm not hungry, too. じゃダメなの？

い：ダメ。否定のときは too は either に，so は neither に置き換えるんだ。くだけた表現では，"I'm hungry." に対して "Me, too." という答え方もする。この場合も，"I'm <u>not</u> hungry." に対しては "Me, <u>neither</u>." と答える。なお，〈So + V + S.〉のVの形にも気をつけよう。

◎ "I live in Chiba." "<u>So does</u> my aunt."

（「私は千葉に住んでいます」「私のおばもそうです」）

ジ：これは，なぜ does ？

い：〈So + V + S.〉のVは，疑問文と同じ形を使う。My aunt <u>lives</u> in Chiba. を疑問文にした形（<u>Does</u> my aunt live…?）から考えればいい。

第5日　その他の重要表現　227

point 95 副詞（句）の強調による V + S の倒置

> ***Never have I seen*** such an exciting movie.
> （こんな面白い映画は今までに見たことがない）

い： 上の文は，普通の語順だとこうなる。

◎ I have <u>never</u> seen such an exciting movie.

この文で，「一度もない」という意味を強調するために，never を文の最初に置く場合がある。このとき，後ろは〈V + S〉，つまり疑問文と同じ語順にする。

ジ： なんで？

い： その方が口調がいいからだ。最初の Never を強く読んだ場合，文のリズムから考えて，次には「弱く読む語」を置く方がいい。疑問文でも同じだ。たとえば Whát do you dó?（お仕事は何ですか）の場合，What を強く読む代わりに次の do は弱く読む。つまり，最初に強く読む語があるとき，2番目の語は助動詞などの機能語（文法的機能だけを持ち，それ自体の意味を持たない語）の方が好まれることになる。

ジ： よくわかんないけど，要するにどういうこと？

い： こういうことだ。

★ 否定の意味を持つ副詞（句）を強調のために文の最初に置くと，後ろは V + S の語順になる。

ジ：「否定の意味を持つ」っていう前置きは必要なの？

228

い：たとえばI went to the movies yesterday. のyesterdayを文の最初に持っていっても，〈V + S〉の倒置は起こらない。単に Yesterday I went to the movies. となるだけだ。

ジ：「否定の意味を持つ」っていうのは，ほかにどんなの？

い：たとえば，こんなのだ。

◎ ***Little*** did I dream that I would win the lottery.
（宝くじに当たるとは夢にも思わなかった）

◎ ***Never*** have I heard him speak English.
（彼が英語を話すのを一度も聞いたことがない）

◎ ***Not until yesterday*** did I hear the news.
（きのうになって初めてその知らせを聞いた）

◎ ***Hardly*** had I left home when it began to rain.
（私が家を出るとすぐに雨が降り出した）

4つ目の文の直訳は「雨が降り出したとき，私はほとんど家を出ていないくらいだった」で，受験英語ではよく出てくる形だ。

第5日　その他の重要表現　229

point 96 部分否定

> I do**n't always** quarrel with my wife.
> （私はいつも女房とケンカするわけではない）

い： この作者，奥さんにトラウマでもあるのか？

ジ： でも「いつもケンカするわけじゃない」って言ってるし，いいんじゃないの。

い：「部分否定」とは，「全部を否定するわけではない」ということだ。次の例で考えてみよう。

　(a) I know everything about her.
　　（彼女のことは全部知っている）

ジ： ストーカーかよ！

い： これを否定文にすると，こうなる。

　(b) I don't know everything about her.
　　（彼女のことを全部知っているわけではない）

ジ： (b)は，「彼女のことを全部 [何も] 知らない」っていう意味じゃないの？

い： その意味は，こう表現する。

　(c) I don't know anything about her.
　　 [= I know nothing about her.]

　(b)が，部分否定の例だ。まとめてみよう。

- ***not* + *all/every*** = すべて〜というわけではない
- ***not* + *both*** = 両方〜というわけではない

230

- ***not + always*** = 常に〜というわけではない

部分否定の反対は「全体否定」だ。
- ***not + any*** = 何も〜ない（＝ no）
- ***not + either*** = どちらも〜ない（＝neither）

ジ：じゃあ，たとえば「学生は全員テストに合格できなかった」は，何て言えばいいの？

い：<u>No</u> student(s) could pass the test. だな。

ジ：<u>All</u> the students could <u>not</u> pass the test. だと？

い：それは，「全員不合格だった」「全員合格できたわけではない」の2通りに解釈できる。だから部分否定では，notを前に出す方がいい。特に，not all と並べて使えば，必ず部分否定の意味になる。

◎ <u>Not all</u> the students could pass the test.
　（学生全員がテストに合格できたわけではない）

ジ：〈not + all〉は部分否定で，〈all + not〉は全体否定，って考えちゃダメなの？

い：そうは言えない。<u>All</u> is <u>not</u> gold that glitters.（光るもの必ずしも金ならず）ということわざの場合，〈all + not〉の語順で部分否定だ。結局，「部分否定」そのものが，回りくどい言い方だってことだ。ストレートに事実だけを伝えたければ，Some students passed the test (, but others didn't). のように言えばいい。最初の文だって，I sometimes quarrel with my wife, but I'm usually getting along well with her.（時には女房とケンカもするが，ふだんはうまくやっている）と，肯定の形で言えばよいのだよ。

ジ：がんばれよ，作者！

第5日　その他の重要表現

point 97 否定の及ぶ範囲

> I did**n't** buy the ticket *because* I wanted it.
> (私は欲しかったからそのチケットを買ったわけではない)

い：付き合いでチケットを買わされた,みたいな状況だな。

ジ：この日本語,ヘンじゃない？ didn't buy だから「買わなかった」になるはずでしょ。

い：それだと,意味が通じない。こう考えればいいんだ。

NOT + [I bought the ticket because I wanted it].

つまり,「私はそれが欲しかったからそのチケットを買った」+「のではない」,となる。

ジ：つまり,not が全部を否定してるってこと？

い：そうだ。まず,簡単な例から見てみよう。

◎ I'm <u>not very</u> good at English.
(私は英語が<u>あまり</u>得意<u>ではない</u>)

この文を「私は英語がとても得意ではない」と訳すのは間違いだ。

ジ：でも,very は「とても」の意味でしょ？

い：次の原則を覚えておこう。

★〈not ＋副詞〉のときは, not はその副詞を否定する。

だから,〈not ＋強調の副詞(*very*, *really*, *completely*, *absolutely*, *exactly* など)〉の形は,「全く[完全に]

〜というわけではない」の意味を表す。

ジ：部分否定と似た意味になるわけね。

い：そうだ。逆に〈副詞＋not〉のときは，副詞が文全体を修飾することが多いんだ。下は，その例だ。

◎ I don't really like this movie.
（この映画はあまり好きではない）

◎ I really don't like this movie.
（この映画は大きらいだ）

ジ：最初の文だと，こういう場合もあるでしょ？

◎ I didn't buy the ticket / because I had no money.
（金がなかったのでそのチケットを買わなかった）

い：もちろんだ。たとえば次の文は，2通りに解釈できる。

◎ I didn't go to see her off because I loved her.
① 私は彼女を愛していたから見送りに行かなかった。
② 私は彼女を愛していたから見送りに行ったわけではない。

②の解釈では，NOT ＋ [I went to see her off because I loved her]. のように，not が文全体を否定していると考えればいい。

ジ：そんなややこしい文，作るなよ。

い：because の直前に not を置けば，誤解はなくなる。下の文は，〈not A but B〉（AではなくB）の形だ。

◎ He married Linda not because he loved her but because he wanted to get her wealth.
（彼がリンダと結婚したのは，彼女を愛していたからではなく，彼女の財産を手に入れたかったからだ）

第5日　その他の重要表現　233

point 98 否定語を使わない否定表現

> ***The last*** thing I want to do is to go to work.
> （私が**一番したくない**のは，仕事に行くことだ）

い：なんかいいな，これ。リアルで。
ジ：自分で感心するな。
い：the last は「最後の」って意味だ。
ジ：それくらい知ってます。
い：だから上の文の直訳は，「私がしたい最後のことは，仕事に行くことだ」となる。
ジ：「他にやりたいことは全部終わって，いよいよ最後は仕事だ。さあ，やるぞ！」って意味にはならないの？
い：なるか！ 仕事が好きなヤツなんか，オレはきらいだ。
ジ：いや，アンタの好みじゃなくて…
い：the last は「最も～しそうにない」つまり「決して～ない」の意味だ。

◎ He is the last man to tell a lie.
 （彼は決してうそをつかない人だ）

not は使っていなくても，この文は意味の上では否定文と同じだ。類例を出しておこう。

◎ He is ***anything but [far from]*** an honest person.
 （彼は決して正直者ではない）

anything は「何でも」，but は「～以外」の意味だから，

234

直訳すると「彼は正直者以外の何者でもある（しかし正直者ではない）」となる。否定語を含まなくても否定の意味を表す例を，もう少し見てみよう。

◎ This puzzle is ***too*** complicated for anybody ***to*** solve.
　（このパズルは複雑すぎて誰にも解けない）

ジ：これのどこが問題なの？

い：日本語は「誰にも解けない」なのに，下線部の anybody は，なぜ nobody じゃないんだ？

ジ：えー，わかんない。

い：それは，too complicated の部分に「複雑すぎて〜ない」という否定の意味が含まれるからだ。つまり，この部分が no の意味を持っていて，それが any と化学反応を起こして「誰にとっても〜ない」の意味になるわけだ。もう1つ，別の例を挙げよう。

◎ ***Only*** with hard work will you be able to succeed.
　（熱心に働くことによってのみ君は成功できるだろう）

この文は，普通の語順だと，You will be able to succeed only with hard work. となる。つまり，下線部を文頭に置いたために〈V + S〉の倒置が起きているわけだ。【point95】で説明したとおり，こうした倒置を起こすのは原則として「否定の意味を持つ副詞」が文頭に置かれた場合に限られる。下線部は，実質的に否定の意味（「熱心に働かなければ成功できない」）を表すと言える。

第5日　その他の重要表現　235

point 99 無生物主語

> This photo ***reminds*** me ***of*** my school days.
> (この写真を見ると学生時代を思い出す)

ジ: わかんないや。あたし，まだ学生だから。

い: そういう問題じゃない。これが，業界用語で「無生物主語構文」と言われるものの典型だ。

ジ: 業界用語って，英文法用語じゃないの？

い: いや，受験英語の世界でだけ通用する言葉だ。考えてもみろよ。無生物が主語になる文なんて，山ほどある。たとえば That building is my office. とか。

ジ: その文は，無生物主語とは言わないの？

い: 言わない。一般には「主語が無生物で，目的語が人間」のような形の文を，無生物主語構文と呼ぶ。上の文では，〈**remind A of B**〉が「**A (人) にBのことを思い出させる**」という意味で，直訳は「この写真は私に学生時代を思い出させる」となる。でも，これじゃ日本語として少し不自然だから，「私」という人間を主語にして訳すと，上のようになるわけだ。

ジ: 直訳でも，別に不自然じゃないと思うけど。

い: じゃ，これならどうだ？

◎ The typhoon prevented us from leaving Tokyo.

〈**prevent O from ～ing**〉は「**Oが～するのを妨げ**

ジ：る」の意味だ。この文の直訳は「台風が，私たちが東京を出発するのを妨げた」となる。

ジ：それは，ちょっとヘンかな？

い：そこで，普通の日本語で表現すれば，「私たちは，台風のために東京を出発できなかった」となる。

ジ：で，結論は？

い：コミュニケーションの観点から言えば，わざわざ無生物主語を使う必要はない。たとえば左の2つの例も，こう言えば済むことだ。

◎ When I see this photo, I remember my school days.

◎ We couldn't leave Tokyo because of the typhoon.

ジ：だったら，無生物主語とか覚える必要ないじゃん。

い：自分で英語の文を作るときには，なるべく「人間を主語にする」よう心がける方がいい。たとえば，次の日本語の英訳を考えてみよう。

「彼の英会話能力の最近の進歩はめざましい」

ジ：これ，下線のとこが主語でしょ？

い：日本語は確かにそうだ。直訳すると，こうなる。

◎ <u>The recent progress in his ability of English conversation</u> has been remarkable.

でも，この英語は明らかに不自然だ。人間（He）を主語にして，こう表現する方がずっといい。

◎ <u>He</u> has made remarkable progress in English conversation [speaking English] recently.

無生物主語は，書き言葉ではよく出てくる。しかし話し言葉では，多用しない方がいい。

第5日　その他の重要表現　237

point 100 共通関係

English ***was, is, and will be*** an international language.
（英語は過去においても現在でも国際語であり，将来もそうだろう）

い：and という単語は，非常に大切だ。

ジ：そりゃそうでしょ。

い：いや，おまえはわかってない。

ジ：あたし，何も言ってないじゃん！

い：and は，〈**A and B**〉とか〈**A, B, and C**〉のように，2つ以上のものを結びつける働きをする。

ジ：知ってますよ，それくらい。

い：じゃあ，次の文を訳してみろ。

◎ I almost always had a good time in my childhood, even though, or perhaps because, I was alone.

ジ：こんな長い文が訳せたら，通訳になれるっての！

い：なれるか！

ジ：だいいちこの文，and なんか入ってないじゃん。

い：ちょっとは頭を使え。or があるだろ。even 以下は，こんな構造になってるわけだ。

◎ [even though, or perhaps because,] I was alone
　→ even though I was alone or perhaps because I was

alone

（私は一人ぼっちだったけれど，あるいはひょっとすると一人ぼっちだったからこそ）

これを，前半（子供時代に私はほとんど常に楽しい時を過ごした）に続けて読めば，意味はわかるだろう。

ジ：暗いヤツだな，こいつ。

い：もっと簡単な例を出してみよう。これならわかるだろ。

◎ Paper can and should be recycled.

ジ：これは…「紙はリサイクルすることができるし，またそうすべきだ」ってことね。

い：そうだ。じゃあ，次はどうだ？

◎ He can make good decisions and judgments based on reason.

ジ：これだけ意味が書いてあったら簡単よ。「彼はよい決断ができて，理性に基づく判断もできる」ってことでしょ。

い：間違い。〈A and B〉のAとBに当たるものを，もう一度よく考えてみろ。

◎ He can make good [decisions and judgments] based on reason.

ジ：つまり，good と based on reason が，[ ] の部分を前後から修飾しているわけだ。てことは…「彼は理性に基づく[よい決断と判断]をすることができる」でいいのかな？

い：日本語はつたないけど，そういうことだ。and や or の大切さが，わかったか！

第5日　その他の重要表現　239

練習問題 第5日

A カッコ内に入る適当な語句を1つ選んでください。

(1) I checked two (　　).
   ① baggage　② piece of baggage
   ③ baggages　④ pieces of baggage

(2) I'll go to the airport by (　　).
   ① taxi　② a taxi　③ the taxi　④ my taxi

(3) One of the twins is a boy, and (　　) is a girl.
   ① other　② another　③ the other　④ others

(4) He is the (　　) person to find fault with others.
   ① best　② most　③ last　④ least

(5) About (　　) of the guests were foreigners.
   ① half　② the half　③ one-third　④ two-third

B カッコ内に適当な1語を入れてください。

(1) My house is (　　) smaller of the two.

(2) "I don't like soccer." "(　　) do I."

(3) I want to be a doctor because my father is (　　).

(4) How (　　) is the population of your town?

(5) Business prevented me (　　) going out with her.

(6) The climate here is milder than (　　) of Tokyo.

C カッコ内の語を適当に並べ換えてください。

(1) There is [more, health, than, important, nothing].
　　(健康ほど大切なものはない)
(2) This [our, me, of, reminds, photo, honeymoon].
　　(この写真を見ると新婚旅行を思い出す)
(3) Yours is [the, a, as, plan, so, one, not, good] he proposed.
　　(君のは彼が出した案ほどよい案ではない)
(4) It's easier [to, to, it, make, out, carry, plan, than, a].
　　(計画を立てるのは実行するよりも易しい)
(5) Little [realize, he, he, the, does, is, danger] in.
　　(彼は自分の危険な立場に全く気づいていない)

D 英訳を完成してください。

(1) その仕事は思ったほど易しくはなかった。
　　The job was not _____.
(2) 彼のことを知れば知るほど彼が好きでなくなった。
　　The better I got to know him, _____.
(3) 彼の給料は私よりずっと多い。
　　His salary is _____.
(4) 正直なのがいつもよいことだとは限らない。
　　It is _____.

第5日　その他の重要表現　241

正解と解説

A

(1) ④ (2) ① (3) ③ (4) ③ (5) ③

(1)「私は2つの荷物を預けた」
baggage は不可算名詞。〈a piece of ～〉で数える。
(2)「私はタクシーで空港へ行きます」
by taxi = タクシーで(交通手段を表すので無冠詞)
(3)「その双子の1人は男の子,もう1人は女の子だ」
the other = 2つのもののうちの残りの一方
(4)「彼は決して他人のあらさがしをしない人だ」
the last = 決して～ない
(5)「客のおよそ3分の1は外国人だった」
「半分」は a half,「3分の2」は two-thirds。

B

(1) the (2) Neither (3) one (4) large (5) from (6) that

(1)「私の家は2つのうち小さい方です」
(2)「ぼくはサッカーが好きじゃない」「ぼくもそうだ」
(3)「父親が医者なので,私は医者になりたい」
(4)「あなたの町の人口はどれくらいですか」
(5)「仕事で彼女とデートできなかった」
(6)「当地の気候は東京の気候よりも温暖です」

C

(1) nothing more important than health (2) photo reminds me of our honeymoon (3) not so good a plan as the one (4) to make a plan than to carry it out (5) does he realize the danger he is

---

(1) Nothing is more important than health. の変形。
(2) remind A of B ＝ A に B を思い出させる
(3) 〈so ＋形容詞＋ a ＋名詞〉の語順に注意。one ＝ plan。
(4) It は to make a plan を受ける形式主語。〈carry it out〉の語順に注意。
(5) 否定の副詞（Little）を強調するために文頭に置き，〈V ＋ S〉の倒置が起こった形。danger の後には関係代名詞（that）を補って考える。

D

(1) so [as] easy as I had expected [thought] (2) the less I liked him (3) much higher [larger] than mine (4) not always good to be honest

---

(1) not so [as] 〜 as S had expected ＝ S が思ったほど〜ではない
(2) The ＋比較級, the ＋比較級 ＝〜すればするほど…
(3) 給料の高低は high・low で表す。比較級を強調するのは much・far など。
(4) not always 〜 ＝常に〜というわけではない

おわりに

い：いかがでしたか？　皆さん。お楽しみいただけたでしょうか？
ジ：楽しくはないでしょ。文法だし。
い：中学英語，高校英語ときて，次はいよいよ…
ジ：大学英語かな？
い：そんな本，誰も買わねえよ。
ジ：じゃあ，社会人英語？
い：てことは，おまえも社会人になるわけか。
ジ：あたし，社会人になっても「ジャリ子」なの？
い：それ以前に，社会人になれるのか，おまえ？
ジ：それは，この本が売れたら，ということで。
い：作者は，「続編は『いかりや先生のTOEIC®教室』」とかいうタイトルで，などと勝手に考えているようです。
ジ：先生の名前も変えた方がいいでしょ。
い：相方の女の子も，チェンジします。萌子ちゃんとか。
ジ：それ，何て読むんだ，オヤジ。
い：「もえこ」に決まってんじゃねえか。
ジ：作者，トシはいくつだよ！
い：そういうわけで，皆さん。
ジ：どういうわけだー！
い：最終巻『老人英語を5日間でやり直す本』まで，ともに突っ走りましょう！

例文一覧

第1日 文の構造と動詞の語法

point 1 There 構文

There is little milk *left* in the refrigerator.
(冷蔵庫には牛乳がほとんど残っていない)

point 2 間接疑問

Where do you think *he is* from?
(彼はどこの出身だと思いますか)

point 3 疑問詞の識別

(a) *What do you think of* the movie?
(その映画をどう思いますか)

(b) *How do you like* the movie?
(その映画はいかがですか)

point 4 動作動詞と状態動詞

The church *stands* on the hill.
(その教会は丘の上に立っている)

point 5 自動詞と他動詞の識別

My cousin *married* an American woman.
(私のいとこはアメリカ人の女性と結婚した)

point 6 第2文型の基本

This soup *tastes* good.
(このスープはおいしい)

point 7 第4文型から第3文型へ

I *bought* my son a mobile phone.
→ I *bought* a mobile phone *for* my son.

（私は息子に携帯電話を買ってやった）

point 8　第5文型の基本

He **_painted_** the wall **_white_**.

（彼は壁を白く塗った）

point 9　It ＋ V ＋ that 節

It seems that he knows the truth.

→ He seems to know the truth.

（彼は真実を知っているらしい）

point 10　It is ＋形容詞＋ that 節

It is natural that she is angry with you.

（彼女が君に怒っているのは当然だ）

point 11　V ＋ to 不定詞

Women **_tend to like_** sweets.

（女性は甘いものを好む傾向がある）

point 12　V ＋O＋ to 不定詞①

I'd like you to be my wife.

（君に，ぼくの妻になってほしい）

point 13　V ＋O＋ to 不定詞②

Please **_help me to clear_** the table.

（テーブルを片付けるのを手伝ってください）

point 14　知覚動詞

(a) I **_heard_** someone **_calling_** my name.

　（誰かが私の名前を呼んでいるのが聞こえた）

(b) I **_heard_** my name **_called_**.

　（自分の名前が呼ばれているのが聞こえた）

point 15 使役動詞

The funny movie *made* us *laugh*.

(その愉快な映画は私たちを笑わせた)

point 16 知覚動詞・使役動詞の受動態

He *was seen to enter* the room.

(彼はその部屋に入るのを見られた)

point 17 have ＋ O ＋過去分詞（Oを～される）

I *had* my bike *stolen*.

(私は自転車を盗まれた)

point 18 have と get

(a) She *had [got]* the dishes *washed* by her husband.

(b) She *had* her husband *wash* the dishes.
 ≒ She *got* her husband *to wash* the dishes.

(彼女は夫に皿を洗ってもらった)

point 19 V＋O＋(to be＋) C

I *think* her *to be* an efficient secretary.

(彼女は有能な秘書だと思う)

point 20 第5文型のまとめ

Keep your eyes *closed*.

(目を閉じたままにしておきなさい)

----------第2日 不定詞・分詞・動名詞----------

point 21 不定詞の意味上の主語①

There is no reason *for you to apologize*.

(君が謝る理由はない)

point 22 不定詞の意味上の主語②

It is stupid *of you* to believe him.

(彼の言うことを信じるとは，君は愚かだ)

point 23 「程度」を表す不定詞

My sister is old *enough to get* married.

(私の姉は，結婚できる年齢です)

point 24 It takes ＋(人＋) 時間＋ to 不定詞

It *took me an hour to solve* this puzzle.

(このパズルを解くのに私は１時間かかった)

point 25 完了不定詞

His wife is said *to have run* away with her lover.

(彼の奥さんは愛人と駆け落ちしたそうだ)

point 26 〈V ＋動名詞〉と〈V ＋ to 不定詞〉

(a) I *remember seeing* her somewhere.

　　(彼女にはどこかで会った覚えがある)

(b) *Remember to call* me tomorrow.

　　(明日私に電話するのを覚えておきなさい)

point 27 be 動詞＋ to 不定詞

The meeting *is to be held* next Monday.

(会合は来週の月曜日に行われる予定です)

point 28 be 動詞＋形容詞＋ to 不定詞①

This car is easy to drive.

(この車は運転しやすい)

point 29 be 動詞＋形容詞＋ to 不定詞②

Which candidate *is likely to* win?

(どの候補者が勝ちそうですか)

point 30 分詞の限定用法①

This shop is convenient for ***working*** mothers.
(この店は，働く母親たちにとって便利です)

point 31 分詞の限定用法②

The baby ***sleeping*** on the bed is my son.
(ベッドで眠っている赤ん坊は私の息子です)

point 32 感情を表す分詞形容詞

(a) The game was ***exciting***.
　　(その試合はわくわくするものだった)

(b) We were ***excited*** at the game.
　　(私たちはその試合を見てわくわくした)

point 33 分詞構文①

Hearing the news, she turned pale.
(その知らせを聞いて，彼女は青ざめた)

point 34 分詞構文②

Seen from a plane, the islands look like jewels.
(機上から見ると，その島々は宝石のようだ)

point 35 分詞を含む慣用表現

He listened to music ***with his eyes closed***.
(彼は目を閉じて音楽を聞いた)

point 36 動名詞の意味上の主語

I remember ***my father crying*** at the funeral.
(私は父がその葬式で泣いたのを覚えている)

point 37 前置詞＋動名詞

I'm looking forward ***to hearing*** from you.
(あなたからの便りを楽しみに待っています)

point 38 動名詞を使った句と節の言い換え

I'm sure ***that he will accept*** the offer.

→ I'm sure ***of his accepting*** the offer.

（彼はきっとその申し出を受け入れるだろう）

point 39 準動詞の共通点①

(a) I don't want ***to be criticized*** by others.

（私は他人に批判されたくない）

(b) I remember ***being praised*** by the teacher.

（私はその先生にほめられたのを覚えている）

point 40 準動詞の共通点②

The doctor told me ***not to drink***.

（酒を飲まないようにと医者は私に言った）

……………第3日 時制・助動詞・受動態・仮定法……………

point 41 未来を表すさまざまな形

I***'m going*** on a business trip to Osaka next week.

（私は来週大阪へ出張します）

point 42 時・条件の節中で未来を表す現在形

I'll start before it ***gets*** dark.

（暗くならないうちに出発します）

point 43 完了進行形

I***'ve been studying*** programming for six months.

（私はプログラミングを6か月勉強しています）

point 44 過去完了形

He ***had worked*** for the company for 30 years before he retired last year.

(彼は昨年退職するまで30年間その会社に勤めていた)

point 45 未来完了形

Ten years from now you *'ll have forgotten* me.

(10年後にはあなたは私のことを忘れているでしょう)

point 46 時制の一致

She *said* she *wanted* to become an actress.

(女優になりたい,と彼女は言った)

point 47 助動詞の過去形

The rumor *might* be true.

(そのうわさは本当かもしれない)

point 48 基本的な助動詞のまとめ

Would you please pass me the salt?

(塩を取っていただけますか)

point 49 助動詞＋ have ＋過去分詞

He *can't have told* a lie.

(彼がうそをついたはずがない)

point 50 その他の助動詞①

We *had better not* change our policy.

(私たちは方針を変更しない方がいい)

point 51 その他の助動詞②

There *used to* be a movie theater near here.

(この近くに以前映画館があった)

point 52 文型と受動態

The dog *was named Shiro*.

(その犬はシロと名づけられた)

point 53 群動詞の受動態

I *was spoken to* by a Chinese woman.
(私は中国人の女性に話しかけられた)

point 54 時制と受動態

The bridge *is being repaired*.
(その橋は修理されているところです)

point 55 慣用的な受動態

He *was* seriously *injured* in the accident.
(彼はその事故で大けがをした)

point 56 仮定法の基本

If I *were* ten years younger, I *'d propose* to you.
(もし私が10歳若ければ，君に求婚するのだが)

point 57 仮定法を含む慣用表現

I wish she *were* my sweetheart.
(彼女がぼくの恋人ならいいのに)

point 58 if を使わない仮定法

With a little more money, I could buy this ring.
(もう少し金があれば，この指輪が買えるのに)

point 59 仮定法による控えめな表現

I'd appreciate it if you would pick me up.
(車で迎えに来ていただけるとありがたいのですが)

point 60 仮定法現在

He *demanded* that the contract *be* observed.
(契約は守られるべきだと彼は要求した)

第4日 関係詞・接続詞

point 61 関係代名詞の基本

The video *I saw yesterday* was very exciting.

(きのう見たビデオはとても面白かった)

point 62 前置詞＋関係代名詞

Kyoto is the city *in which* I was born.

(京都は私が生まれた都市です)

point 63 関係副詞

That's *why* I was late for the meeting.

(そういうわけで私は会議に遅刻しました)

point 64 関係詞の非制限用法①

He lent me a comic, *which* was very funny.

(彼は私にマンガを1冊貸してくれたが、それはとても愉快だった)

point 65 関係詞の非制限用法②

(a) He has two sons, *both of whom* are doctors.

(彼には息子が2人いて、どちらも医者だ)

(b) He said he was a lawyer, *which* was a lie.

(自分は弁護士だと彼は言ったが、それはうそだった)

point 66 関係代名詞の that

All (*that*) I want is your love.

(ぼくがほしいのは君の愛だけだ)

point 67 関係代名詞の what

What you need most is enough sleep.

(君に最も必要なものは、十分な睡眠だ)

例文一覧　253

point 68 連鎖関係詞節

He is a famous writer **who they say will win** the Nobel prize.

(彼はノーベル賞を取るだろうと言われている有名な作家だ)

point 69 関係代名詞の as

He comes from Australia, **as** you can tell from his accent.

(彼はオーストラリア出身だが、それは彼のなまりからわかる)

point 70 その他の関係代名詞

He is a gentleman, **which** his brother is not.

(彼は紳士だが、弟はそうではない)

point 71 複合関係詞

You can take **whichever** CD you like.

(君が好きなＣＤをどれでもあげるよ)

point 72 whether の用法

(a) I don't know **whether** he'll come (**or not**).

　　(彼が来るかどうか私は知りません)

(b) **Whether** he comes **or not**, I'll leave at 6.

　　(彼が来ようが来まいが、私は6時に出ます)

point 73 as の用法のまとめ

Leave the matter **as** it is.

(その問題はそのままにしておきなさい)

point 74 同格関係を表す that 節

The news **that** the Japan team won excited us.

(日本チームが勝ったというニュースに私たちは興奮した)

point 75 強調構文

It was in Kyoto *that* I was born.

（私が生まれたのは京都です）

point 76 相関接続詞①

Speak louder *so that* I *can* hear you.

（私に聞こえるように，もっと大きな声で話しなさい）

point 77 相関接続詞②

Not he *but* I am responsible for the loss.

（彼ではなく私に失敗の責任があります）

point 78 その他の接続詞

I'll finish my job *by the time* you come back.

（君が戻ってくるまでに仕事を終えるよ）

point 79 that の用法のまとめ

The trouble is *that* we are short of money.

（困ったことに，私たちにはお金が足りない）

point 80 「後置修飾」のまとめ

Students arriving late can't enter the hall.

（遅れて来る学生はホールへは入れない）

·················· 第 5 日 その他の重要表現 ··················

point 81 可算名詞と不可算名詞

She bought three pieces of *furniture*.

（彼女は家具を3点買った）

point 82 冠詞の用法

I came here *by car*.

（私は車でここへ来ました）

point 83 前の名詞を受ける代名詞

I've lost my camera, so I'll buy **one**.

(カメラをなくしたので，1つ買うつもりだ)

point 84 other の用法

Some staff members speak English, and **others** French.

(スタッフの中には英語を話す者もいれば，フランス語を話す者もいる)

point 85 数量を表す形容詞

How **large** is the population of this city?

(この市の人口はどれくらいですか)

point 86 比較構文のバリエーション

The job was **more** difficult **than I had expected**.

(その仕事は私が思っていたよりも難しかった)

point 87 最上級の意味を表す原級・比較級

Nothing is **more** precious **than** health.

(健康ほど貴重なものはない)

point 88 the ＋比較級＋ of the two (2つのうちで〜な方)

My sister is **the taller of the two** girls.

(姉は，2人の女の子のうちで背の高い方です)

point 89 the ＋比較級 (それだけいっそう〜)

The older we grow, **the poorer** our sight becomes.

(年をとればとるほど，視力は弱くなる)

point 90 数字に関する表現

About **two-thirds** of my co-workers are women.

(私の同僚の約3分の2は女性です)

point 91 very と much
His income is **much higher** than mine.
(彼の収入は私の収入よりもずっと高い)

point 92 副詞と語順①
They made a plan, but didn't **carry it out**.
(彼らは計画を立てたが、それを実行しなかった)

point 93 副詞と語順②
This is **too expensive a camera** for me.
(これは私には高価すぎるカメラだ)

point 94 「相づち」の表現
"I'm hungry." "**So am I.**"
(「おなかがすいた」「ぼくもだ」)

point 95 副詞(句)の強調によるV＋Sの倒置
Never have I seen such an exciting movie.
(こんな面白い映画は今までに見たことがない)

point 96 部分否定
I do**n't always** quarrel with my wife.
(私はいつも女房とケンカするわけではない)

point 97 否定の及ぶ範囲
I did**n't** buy the ticket **because** I wanted it.
(私は欲しかったからそのチケットを買ったわけではない)

point 98 否定語を使わない否定表現
The last thing I want to do is to go to work.
(私が一番したくないのは、仕事に行くことだ)

point 99 無生物主語
This photo **reminds** me **of** my school days.

（この写真を見ると学生時代を思い出す）

point 100 共通関係

English ***was, is, and will be*** an international language.
（英語は過去においても現在でも国際語であり，将来もそうだろう）

著者紹介
小池直己（こいけ　なおみ）
立教大学卒業，広島大学大学院修了。カリフォルニア大学ロサンゼルス校（UCLA）の客員研究員を経て，現在，就実大学人文科学部実践英語学科教授・同大学大学院教授。NHK教育テレビ講師も務める。
著書に『英会話の基本表現100話』（岩波書店），『放送英語と新聞英語の研究』『放送英語を教材とした英語教育の研究』（以上，北星堂書店），『TOEIC®テスト4択トレーニング（イディオム編）』『TOEIC®テスト4択トレーニング（文法・語法編）』（以上，学習研究社），『単語力アップ！ 英語"語源"新辞典』（宝島社），『TOEIC®テストの「決まり文句」』『TOEIC®テストの英文法』『TOEIC®テストの英単語』『TOEIC®テストの英熟語』『TOEIC®テストの基本英会話』『TOEIC®テストの定番イディオム』『間違えやすい「英単語」使い分け辞典』、佐藤誠司氏との共著で『中学英語を5日間でやり直す本』『中学英語を5日間でやり直す本〈パワーアップ編〉』『英語力テスト1000』『英語力パズル』（以上，PHP文庫）などがある。
「放送英語の教育的効果に関する研究」で日本教育研究連合会より表彰を受ける。

佐藤誠司（さとう　せいし）
1981年東京大学英文科卒業，英数学館高校教諭，広島英数学館講師，研数学館，東進ハイスクールを経て，現在，佐藤教育研究所を主宰。
著書に『入試英文法マニュアル』『CD付暗記用英語構文500』『5分間基本英文法』（以上、南雲堂）などがある。

本書は，書き下ろし作品です。

PHP文庫	高校英語を5日間でやり直す本
	楽しみながら、らくらくマスター！

2006年 9月19日　第1版第1刷
2012年 4月20日　第1版第13刷

著　　者	小　池　直　己
	佐　藤　誠　司
発　行　者	小　林　成　彦
発　行　所	株式会社PHP研究所

東京本部　〒102-8331 千代田区一番町21
　　　　　文庫出版部　☎03-3239-6259（編集）
　　　　　普及一部　　☎03-3239-6233（販売）
京都本部　〒601-8411 京都市南区西九条北ノ内町11

PHP INTERFACE　http://www.php.co.jp/

制作協力	
組　　版	株式会社PHPエディターズ・グループ
印刷所	
製本所	図書印刷株式会社

© Naomi Koike & Seishi Sato 2006 Printed in Japan
落丁・乱丁本の場合は弊社制作管理部（☎03-3239-6226）へご連絡下さい。
送料弊社負担にてお取り替えいたします。
ISBN4-569-66698-1

☘ PHP文庫好評既刊 ☘

TOEIC®テストの「決まり文句」

5日間でマスターする重要フレーズ231

小池直己 著

学校では教えない実践的な日常会話のフレーズが多数出題されるTOEIC®。よく使われる会話表現を厳選し、わかりやすく解説した一冊。

定価五〇〇円
(本体四七六円)
税五%

PHP文庫好評既刊

TOEIC®テストの英文法

5日間で攻略する

クイズ感覚で実戦力アップ

小池直己 著

TOEIC®攻略に必須の英文法のチェックポイントを、600題のクイズ形式で出題。短期間で楽しみながら学べる実力向上のパートナー。

定価五〇〇円
(本体四七六円)
税五%

🌳 PHP文庫好評既刊 🌳

TOEIC®テストの英単語

5日間で征服する

語源で覚える超効率的学習法

小池直己 著

ひとつ語源を覚えれば、短期間で面白いほどに単語力が向上する——TOEIC®に必須の英単語がスイスイ頭に入る、新感覚の学習法！

定価五四〇円
(本体五一四円)
税五％

🌳 PHP文庫好評既刊 🌳

英語力テスト1000
楽しみながら語学センスがらくらくアップ！

小池直已／佐藤誠司　共著

日常会話や新聞記事など、実用的なテーマを中心にあなたの英語力をクイズ形式でテスト。楽しみながら、語学力が身につく一石二鳥の本。

定価七〇〇円
（本体六六七円）
税五%

🌳 PHP文庫好評既刊 🌳

新TOEIC®テストの英文法ドリル

反復学習で得点力アップ!

小池直己 著

新TOEIC®テストの得点力アップに必要不可欠な文法問題を厳選!一問一答のドリル形式で、試験直前のおさらいにも効果抜群の一冊。

定価六二〇円
(本体五九〇円)
税五%

PHP文庫好評既刊

ウルトラ英語力テスト1000

クイズ感覚で実力アップ！

小池直己／佐藤誠司 共著

中学生レベルからTOEIC®テストで満点が取れる達人級まで、バラエティ豊かに1000問を収録。クイズ感覚で英語力がアップする本！

定価七六〇円
（本体七二四円）
税五％

PHP文庫好評既刊

新TOEIC®テストの「受験のコツ」

得点力がアップする

小池直己 著

新TOEIC®テストを知り尽くした著者が、短時間で正解に到達するための〝受験のコツ〟を徹底解説！　得点力が確実にアップする一冊。

定価八四〇円
（本体八〇〇円）
税五%

🌳 PHP文庫好評既刊 🌳

新TOEIC®テストを5日間で攻略する本

小池直己／佐藤誠司 共著

新TOEIC®テストには、明らかな出題傾向がある！ 得点アップに直結する97の攻略ポイントをわずか5日間でマスターできる決定版。

定価七八〇円
（本体七四三円）
税五％

PHP文庫好評既刊

前世療法
米国精神科医が体験した輪廻転生の神秘

ブライアン・L・ワイス 著／山川紘矢・山川亜希子 訳

催眠療法中の患者が、前世の記憶を鮮やかに語りはじめた神秘的な治療効果と前世の存在を目のあたりにした精神科医の衝撃の手記。

定価五九〇円
（本体五六二円）
税五％

PHP文庫好評既刊

前世療法 2

米国精神科医が挑んだ、時を越えたいやし

ブライアン・L・ワイス 著／山川紘矢・山川亜希子 訳

神秘的とも言える治癒の力を持つ「前世療法」により、輪廻転生や臨死体験の世界が明らかになる。生きる意味と本当の自分がわかる書。

定価六〇〇円
(本体五七一円)
税五%

PHP文庫好評既刊

魂の伴侶──ソウルメイト

傷ついた人生をいやす生まれ変わりの旅

ブライアン・L・ワイス 著／山川紘矢・山川亜希子 訳

時を越えてめぐり会う運命の二人・ソウルメイト。世界的ベストセラー『前世療法』の著者が明かす、輪廻転生にまつわる、希望の物語。

定価六五〇円
(本体六一九円)
税五％